LÓGICA DIGITAL TERNARIA

*"Quizá el sistema numérico mas hermoso
de todos es la notación ternaria balanceada"*

Donald E. Knuth
The Art of Computer Programming

CONTENIDO

ANEXOS.

Nikolay Brusentsov
SETUN

PREFACIO

Creo que fue cerca del año 1988 cuando por primera vez comencé a pensar en la posibilidad práctica de una lógica digital de tres estados. Para entonces era yo un joven estudiante del quinto semestre de Ingeniería Eléctrica y cursaba la cátedra de electrónica digital; desde entonces, imagino, la semilla estuvo dormida.

No es si no hasta hace poco, gracias a un exalumno, cuando despierta nuevamente en mí la curiosidad, a raíz de la materialización de cierto número de compuertas que éste realizara. Una vez que acordamos trabajar en conjunto con el fin de la construcción certera de los circuitos ternarios me di a la tarea de obtener los antecedentes (al igual que la respectiva información de las patentes) con el fin de sincerar la posibilidad técnico-económica del desarrollo. Debo decir que constituyó un proceso simplemente fascinante, y tal como se verá en la primera parte de este libro, no soy el primero (ni tengo la arrogancia de pretender serlo) y espero con ahínco no ser el último.

Varios años después, comencé a escribir este libro con el fin de recopilar y ordenar de alguna manera la información recabada, como también dejar por escrito mis ideas y diseños, relacionado con el mundo de la electrónica digital multivaluada (caso ternario, naturalmente). Cada tanto tiempo desempolvaba el archivo y agregaba o corregía algo, sin apuro, sólo por el placer de hacerlo hasta que finalmente quedó en el olvido. Mi exalumno fue a trabajar a otra ciudad y la cotidianidad y el escaso apoyo casi dan muerte a esta idea, todo hasta que una alumna, bastante proactiva, por cierto, me pidió le sugiriera un tema innovador y poco abordado para participar en un evento de Innovación Tecnológica. Naturalmente le sugerí abordara este; comenzó entonces la resurrección de mi interés, empujado en parte por su pueril fascinación hacia el tema.

Luego continuamos trabajando, primero en su participación en el evento, luego con una publicación arbitrada y finalmente a través del Ministerio de Ciencia y Tecnología quien nos abrió las puertas, financiando la investigación y consecuente desarrollo de este texto. Lo que sucedió después, me limito a decir, es lo que sucede con todo aquel al que se le da un incentivo gubernamental para que haga lo que siempre ha deseado hacer.

Para finalizar, debo decir que la belleza implícita en la conceptualización y materialización de esta lógica, es la de continuar y de reforzar el trabajo desarrollado por un grupo de pioneros que no sólo han considerado la factibilidad conceptual de manera objetiva, sino que además la posibilidad real de que esta esencia de funcionamiento puede cambiar la forma como percibimos el mundo digital.

Ángel Villalobos

Parte

1

FUNDAMENTOS

1.- Introducción

Es indiscutible que el fundamento de nuestra era tecnológica de información es la lógica digital binaria. Cuando Shannon expresó el comportamiento de interruptores eléctricos en el álgebra booleana, pavimentó el camino a un desarrollo industrial que se reconoce como el inicio de uno de los cambios económicos más revolucionarios de siempre.

La tecnología de lógica binaria en sí misma ha experimentado cambios y mejoras dramáticas: pasando primero de interruptores electromecánicos a los interruptores electrónicos usando los tubos electrónicos, luego de los tubos a los transistores; y de los transistores a los circuitos de la LSI (alta escala de integración) y del VLSI (muy alta escala de integración).

Aún siendo una lógica eficiente y de gran alcance, la lógica binaria no es la más eficiente o de mayor alcance en la conmutación. Hay ventajas inherentes a la lógica no-binaria que no se puede alcanzar por lógica binaria.

El tema de MVL no es nuevo. Remonta sus orígenes de nuevo a los lógicos y a los matemáticos eminentes como Lukasiewicz y Kleene.

Preguntas que ocasionalmente se están haciendo son: ¿por qué incomodidad con MVL? ¿No es la lógica binaria bastante buena? Y la lógica binaria aplicada a la electrónica a VLSI es probablemente una de las tecnologías más eficientes alguna vez desarrolladas.

Hay varias respuestas a la cuestión de: ¿por qué incomodidad? Una respuesta es: curiosidad. Cualquier persona que se expone a la lógica binaria debe preguntarse de lo que significaría ocuparse de lógica de 3 ó 4 estados. La segunda respuesta es que se pueden hacer muchas más cosas interesantes con lógica multivaluadas.

2.- Antecedentes

A mediado de los años 50, Nikolay P. Brusentsov, profesor de la Universidad del estado de Moscú, fue seleccionado por S. Sobolev (quien había sido el cabecilla del primer departamento de matemática computacional de la ex Unión Soviética) como el director de un extraordinario proyecto: el diseño y construcción de una nueva computadora, la cual sería utilizada en los laboratorios gracias a su bajo costo, reducido tamaño y confiabilidad. Fue entonces cuando Brusentsov decidió utilizar un sistema de numeración ternario lo cual permitía la creación de sistemas muy simples y confiables, reduciendo la cantidad de circuitos necesarios cerca de siete veces, en comparación con las computadoras binarias del momento.

A su vez, esto permitía que los requerimientos de la fuente de poder fuesen brillantemente reducidos debido al hecho de que debían utilizarse muchos menos núcleos magnéticos y diodos. Pero la principal ventaja radicaba en que se utilizaba un sistema de codificación de números naturales, en vez de un sistema que solo admite posiciones directas, inversas y complementarias (sistema binario).

Una vez que logró desarrollar de manera práctica un sumador completo, fue ampliamente respaldado y con la ayuda de varios asistentes (cerca de 20 personas). Presentaron la primera computadora ternaria conocida, llamada SETUN, ensamblada con sus propias manos en apenas diez días y que funcionó correctamente desde que fue operada por primera vez.

SETUN operaba en números compuestos de 18 dígitos ternarios, lo cual le daba a la máquina un rango numérico de 387.420.489 (una computadora binaria necesitaría un total de 29 dígitos para alcanzar este valor).

Mas adelante, de acuerdo con la orden del Gabinete de Ministros de la entonces Unión Soviética, la planta de Kaszaan de Máquinas Matemáticas fue comisionada para la producción en masa de estas máquinas.

Brusentsov estaba convencido de la mayor eficiencia de esta lógica, la cual se cree fue creada por Aristóteles. Tanto Brusentsov como el Prof. D. Bochvar argumentaban que esta lógica podría ser más eficiente que la lógica Booleana convencional en la generación de algoritmos para la solución de problemas científicos y prácticos.

Desafortunadamente, SETUN no alcanzó su meta de reducir la cantidad de componentes con su potencial de base ternaria. Cada dígito ternario o trit se almacenaba en un par de núcleos magnéticos, cableados de manera tal que podían tener tres estados estables, estos dos núcleos podían contener dos bits binarios, lo cual puede almacenar mas información que un solo trit, de tal manera que la ventaja principal de la máquina fue desperdiciada.

Aproximadamente para la misma época, Grosch propuso una arquitectura ternaria para el proyecto de la computadora WHIRLWIND en el MIT. Esta se desarrolló con miras a utilizarse una red militar de radar, la cual vigilaría el espacio aéreo norteamericano durante los 30 años de la guerra fría, suponiendo para ese entonces una buena plataforma para el desarrollo de tecnología incipiente incluyendo memorias de núcleo magnético. Sin embargo, la aritmética basada en lógica ternaria no estaba probada, por lo que los sucesores de esta máquina fueron de naturaleza binaria.

Mas adelante, en 1973, Gideon Frieder y sus colegas de la Universidad del estado de New York diseñaron una máquina basada completamente en base 3 la cual llamaron TERNAC y crearon un software que la emulara. Desde entonces la idea de una computadora ternaria ha tenido resurrecciones ocasionales.

Si la lógica digital ternaria lució atractiva desde los inicios de las computadoras surge la pregunta ¿Por qué la lógica base 3 no se impuso? Una conjetura fácil es que los dispositivos confiables de tres estados nunca existieron o son demasiado difíciles de lograr. Y una vez que la tecnología binaria se estableció, la enorme inversión en los métodos para fabricar chips binarios habría opacado cualquier ventaja teórica del sistema ternario. Además, después de todo, es solamente una hipótesis que existe tal ventaja.

3.- Representación Compacta Ternaria

La lógica digital ternaria es ineficiente para el uso humano, de la misma manera que la binaria lo es. De allí que se utilice la notación "nonaria" (base 9, cada dígito contiene dos dígitos base 3) o "base 27" (cada dígito son 3 dígitos base 3), similar al uso que se le da al sistema octal y hexadecimal en la lógica binaria. El sistema nonario utiliza 9 símbolos, por lo que utiliza los dígitos del 0 al 8 del sistema decimal, sin embargo, el sistema base 27 precisa de 27 dígitos por lo que se complementa los dígitos 0 al 9 con las letras A hasta la T (sin tomar en cuenta la letra ñ del alfabeto español). En la tabla 1 se muestra la equivalencia de números ternarios, nonarios y base 27.

Tabla 1. Números ternarios, nonarios y base 27.

Ternario de 6 trits	Decimal	Nonario	Base 27
000000	0	000	00
000001	1	001	01
000002	2	002	02
010010	84	103	33
102011	301	364	B4
120012	410	505	F5
222020	708	866	Q6
202021	547	667	K7

Estas formas breves de representación son útiles a la hora de significar números con múltiples dígitos ternarios, tales como micro instrucciones, resultados de convertidores, etc, aunque al igual que ocurre hoy en día con los sistemas octal y hexadecimal, estos no tienen un uso extendido dado el gran avance de los computadores en cuanto a la representación visual de datos.

Una vez obtenido el número nonario o base 27, este puede convertirse a notación decimal a través de operaciones aritméticas según la ecuación:

$$Q = (\ldots((d_{p-1})\, r + d_{p-2})\, r + \ldots)\, r + d_1$$

y de la misma forma se considera un excedente d_0, donde éste último es un residuo que puede obtenerse de la división larga de D entre r, además, el cociente Q tiene la misma estructura de la fórmula original. De esta manera, las divisiones sucesivas por r darán dígitos sucesivos de D de derecha a izquierda, hasta que se hayan obtenido todos los dígitos de D. A continuación, se da un ejemplo:

$$547 \div 3 = 182 \quad \text{residuo 1 (LSB)}$$
$$\div 3 = 60 \quad \text{residuo 2}$$
$$\div 3 = 20 \quad \text{residuo 0}$$
$$\div 3 = 6 \quad \text{residuo 2}$$
$$\div 3 = 2 \quad \text{residuo 0}$$
$$\div 3 = 0 \quad \text{residuo 2}$$

$$\text{(MSB)}$$

es decir, $547_{10} = 202021_3$

4.- Conversión a la Base de Números

Al igual que ocurre con todos los sistemas numéricos posicionales, un número ternario se representa por una cadena de dígitos, en este caso que pueden tomar valores de 0, 1 ó 2 (o también -1, 0, y +1 si se trata de lógica balanceada), donde cada uno tiene un peso asociado, siendo que el valor es la suma ponderada de los dígitos, obedeciendo a la ecuación:

$$D = \sum_{i=-n}^{p-1} d_i r^i$$

donde r es la base del número, 3 en este caso, d la cantidad de dígitos a la izquierda del punto decimal y n la cantidad de dígitos a la derecha. Es fácil observar que puede calcularse el valor de un número base 3 a su correspondiente valor en base 10. He aquí un ejemplo:

$$20210_3 = 2 \times 3^4 + 0 \times 3^3 + 2 \times 3^2 + 1 \times 3^1 + 0 \times 3^0 = 183_{10}$$

Cada peso es una potencia de 3 correspondiente a la posición del dígito, ya que es la raíz del sistema numérico. Al igual que los bits son los dígitos en un sistema binario, en uno ternario los dígitos son llamados trits. De la misma manera seis (6) trits constituyen un tryte.

La notación del sistema ternario puede denominarse como balanceada o no balanceada. El sistema de numeración llamado ternario balanceado se denomina de esta manera porque los valores se organizan de forma balanceada alrededor de 0 y puede tomar valores de -1, 0, y +1. Esta combinación es especialmente valiosa para las relaciones ordinales entre dos valores, donde se plantean las tres relaciones posibles menor-que, igual y mayor-que (sin embargo, el símbolo utilizado es $\underline{1}$ a cambio de -1, pero alternativamente para un análisis más fácil el signo "-" puede ser utilizado y se denota -1, mientras que +1 se denota por 1.

En un sistema no balanceado la notación se hace incrementando los valores usados en la notación binaria, esto es, además de usar 0 y 1 se utiliza el valor 2, poniéndose en evidencia el desbalance aparente.

Un valor ternario no balanceado de tres trits puede ser convertido a notación ternaria balanceada añadiendo 111, tomando en cuenta el acarreo y luego restando 111 sin considerar el préstamo.

Por ejemplo $021_3 + 111_3 = 202_3$, $202_3 - 111_3 = 1\underline{1}1_{3(bal)} = 7_{10}$.

5. - Complemento a la Base Numérica

5.1.- Complemento Base 3

De forma similar como ocurre con la lógica binaria, en los sistemas ternarios el complemento ocurre invirtiendo en primer lugar los trits y luego sumando 1. Esto responde a la siguiente función:

$$r^n - N, \quad \text{para } N>0$$

$$0, \quad \text{para } N=0$$

donde r es la base del sistema de numeración, 3 en este caso; n es la cantidad de dígitos enteros significativos y N el número que se desea complementar. Esto se ilustra en los siguientes ejemplos:

Ej: Obtener el complemento de 3 de 1210_3

Se tendría:

$$r^n - N = 3^4 - 1210_3$$

$$= 81 - (1*3^3 + 2*3^2 + 1*3^1 + 0*3^0)$$

$$= 81 - (27 + 18 + 3)$$

$$= 33 \text{ (en base decimal)}$$

$$= 1020_3$$

Ej: Obtener el complemento de 3 de 2120.21_3

Se tendría:

$$r^n - N$$

$$= 3^4 - 2120.21_3$$

$$= 81 - (2*3^3 + 1*3^2 + 2*3^1 + 0*3^0 + 2*3^{-1} + 1*3^{-2})$$

$$= 81 - (2*27 + 1*9 + 2*3 + 2*\tfrac{1}{3} + 1*\tfrac{1}{9})$$

$$= 11.222 \text{ (en base decimal)}$$

$$= 102.02_3$$

5.2.- Complemento Base 2

De forma similar como ocurre con la lógica binaria, en los sistemas ternarios el complemento de 2 de un número ocurre invirtiendo los trits. Esto responde a la siguiente función:

$$r^n - r^{-m} - N, \quad \text{para } N>0$$

$$0, \quad \text{para } N=0$$

donde r es la base del sistema de numeración, 3 en este caso; n es la cantidad de dígitos enteros significativos, m la cantidad de dígitos fraccionarios significativos y N el número que se desea complementar. Esto se ilustra en el siguiente ejemplo:

Ej: Obtener el complemento de 2 de 1210_3

Se tendría:

$$r^n - r^{-m} - N$$

$$= 3^4 - 3^0 - 1210_3$$

$$= 81 - 1 - (1*3^3 + 2*3^2 + 1*3^1 + 0*3^0)$$

$$= 80 - (27 + 18 + 3)$$

$$= 32 \text{ (en base decimal)}$$

$$= 1012_3$$

Ej: Obtener el complemento de 3 de 2120.21_3

Se tendría:

$$r^n - r^{-m} - N$$

$$= 3^4 - 3^{-2} - 2120.21_3$$

$$= 81 - 1/9 - (2*3^3 + 1*3^2 + 2*3^1 + 0*3^0 + 2*3^{-1} + 1*3^{-2})$$

$$= 81 - \tfrac{1}{9} - (2*27 + 1*9 + 2*3 + 2*\tfrac{1}{3} + 1*\tfrac{1}{9})$$

$$= 11.444 \,(\text{en base decimal})$$

$$= 102.11_3$$

6.- Operaciones

Tal como ocurre con el álgebra Booleana, las operaciones matemáticas posibles son definidas a través de un conjunto de reglas gracias a las cuales los números pueden ser manipulados, lo cual llamaremos Álgebra Básica Ternaria. En esta sección se intenta permitir el aprendizaje de la Álgebra Ternaria, de tal manera que pueda ser utilizada mas ampliamente.

6.1.- Operaciones Unarias

Las operaciones unarias transforman una única entrada en una única salida, a través de un conjunto de reglas. En la tabla 2 pueden observarse las diferentes salidas, teniéndose un total de

$3^3=27$ posibles combinaciones las cuales se han enumerado como funciones que van desde F_0 a F_{26}. De estas se tomarán sólo cinco.

Tabla 2. Funciones ternarias para compuertas de una (1) entrada y una (1) salida.

X	F_0	F_1	F_2	F_3	F_4	F_5	F_6	F_7	F_8	F_9	F_{10}	F_{11}	F_{12}	F_{13}	F_{14}
0	0	0	0	0	0	0	0	0	0	1	1	1	1	1	1
1	0	0	0	1	1	1	2	2	2	0	0	0	1	1	1
2	0	1	2	0	1	2	0	1	2	0	1	2	0	1	2
	Constante = 0	Bajar		0 si x<>1		Identidad		Inverso Rotar hacia abajo		Inverso Subir		Inverso Rotar hacia arriba		Constante = 1	

X	F_{15}	F_{16}	F_{17}	F_{18}	F_{19}	F_{20}	F_{21}	F_{22}	F_{23}	F_{24}	F_{25}	F_{26}
0	1	1	1	2	2	2	2	2	2	2	2	2
1	2	2	2	0	0	0	1	1	1	2	2	2
2	0	1	2	0	1	2	0	1	2	0	1	2
	Rotar hacia arriba		Subir		Rotar hacia abajo		Inversión		2 si x<>1		Inverso Bajar	Constante = 2

- **Inversor:**

En este momento nos enfrentamos al primer reto de lógica: ¿Cómo debe interpretarse tal inversión? Para responder es necesario hacer a un lado las compuertas conocidas, derivadas del álgebra de Boole, ya que como se verá en sucesivas secciones, no necesariamente existe una dualidad entre la lógica binaria y la ternaria.

En nuestro caso los operadores se asocian con las tres formas en que puede circular la corriente a través de un cable, esto es, la corriente puede fluir en una dirección, en cuyo caso se le asocia el valor de "0" lógico y si fluye en sentido contrario se asocia un "2" lógico. Por tanto, en el caso de que esta no fluya en ninguna dirección se le asocia un "1" lógico. Puede verse entonces que los estados susceptibles de ser invertidos son el 0 y el 2 lógico, mientras que como es de esperarse el 1 lógico no tiene asociada una inversión.

Este operador simplemente invierte la salida, lo cual se logra a través del suicheo de los dígitos 0 y 2 y se referencia por el siguiente símbolo "_". La tabla 3 ilustra esta operación y su correspondiente símbolo.

Tabla 3. Comportamiento de la compuerta Inversora y su correspondiente símbolo.

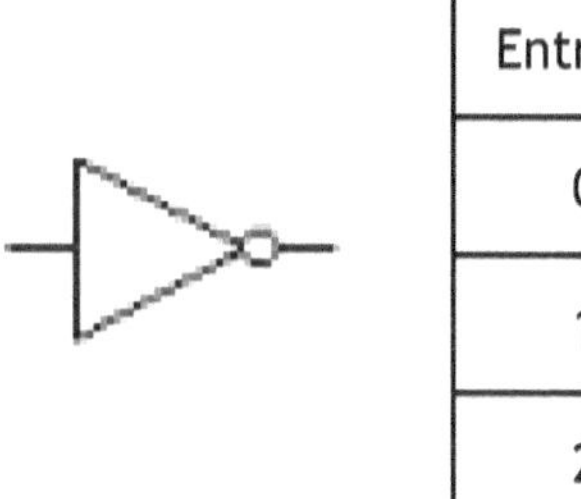

Entrada	Salida
0	2
1	1
2	0

- **Rotar hacia arriba:**

Este operador simplemente rota el número hacia arriba. Esto se logra incrementado el número módulo tres (3). A lo largo de este texto será referenciado con el símbolo "∩". La operación se ilustra en la tabla 4.

Tabla 4. Comportamiento de la compuerta rotar hacia arriba y su correspondiente símbolo.

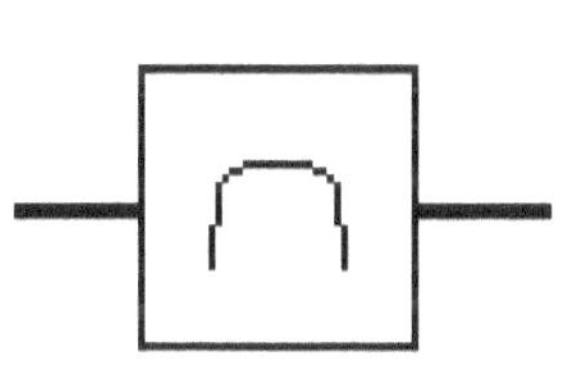

Entrada	Salida
0	1
1	2
2	0

- **Rotar hacia abajo:**

Este operador simplemente rota el número hacia arriba. Esto se logra decrementado el número módulo tres y se referencia con el símbolo "∪". La operación se ilustra en la tabla No. 5.

Tabla 5. Comportamiento de la compuerta rotar hacia abajo y su correspondiente símbolo.

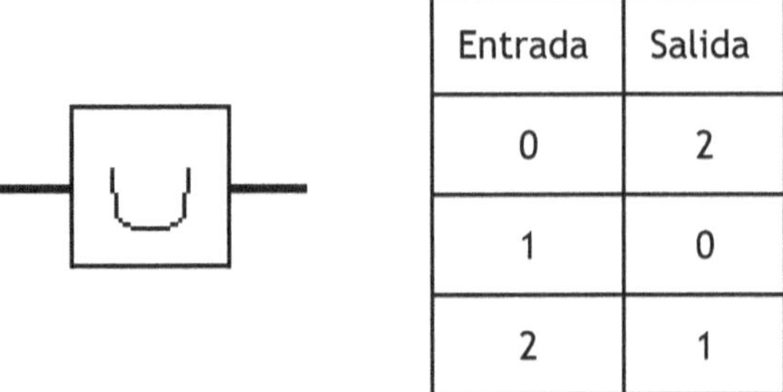

Entrada	Salida
0	2
1	0
2	1

- **Subir:**

Este operador simplemente incrementa el valor del dígito en uno. Como es de suponerse, el 2 no puede ser incrementado y permanece en ese valor. A lo largo de este texto será utilizado el símbolo "↗" y la tabla 6 ilustra esta operación.

Tabla 6. Comportamiento de la compuerta subir y su correspondiente símbolo.

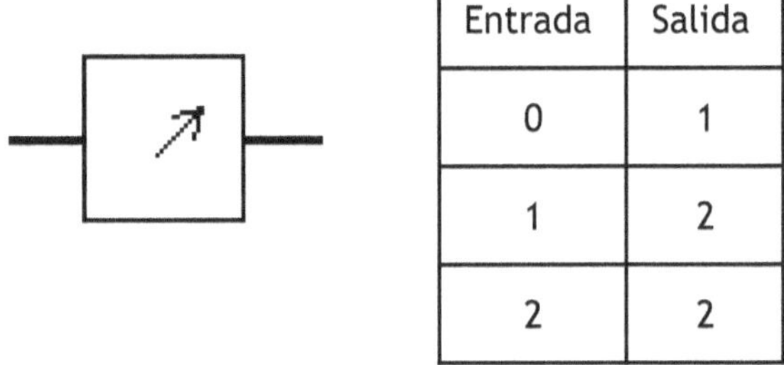

Entrada	Salida
0	1
1	2
2	2

- **Bajar:**

Este operador simplemente decrementa el valor del dígito en uno. Como es de suponerse al igual que en el caso anterior, el 0 no puede ser decrementado y permanece en ese valor. A lo largo de este texto será utilizado el símbolo "↘" y la tabla 7 ilustra esta operación.

Tabla 7. Comportamiento de la compuerta bajar y su correspondiente símbolo.

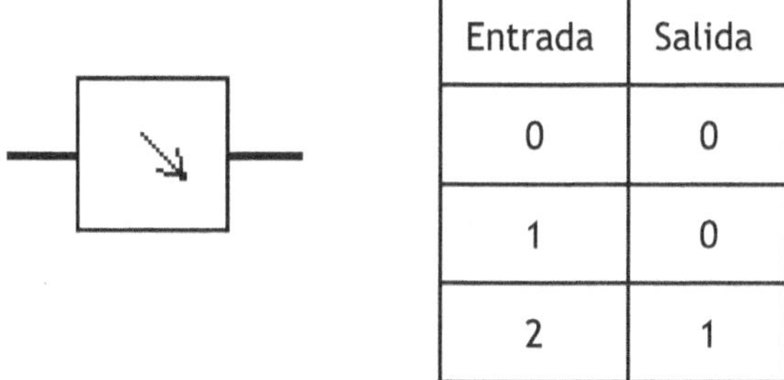

Entrada	Salida
0	0
1	0
2	1

6.2.- Operaciones Binarias

Las operaciones binarias toman dos números y los manipulan para obtener una salida, a través de un conjunto de reglas previamente definidas. Existen cinco (5) funciones binarias en el álgebra ternaria.

- **Min:**

El propósito de esta operación es el de seleccionar el valor mínimo entre las dos entradas. Se referencia a través del símbolo "↓"; la tabla 8 muestra la operación.

Tabla 8. Comportamiento de la compuerta min y su

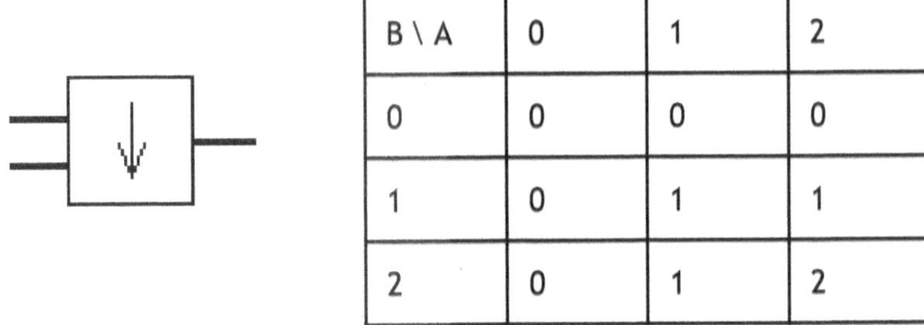

B \ A	0	1	2
0	0	0	0
1	0	1	1
2	0	1	2

- **Max:**

El propósito de esta operación es el de seleccionar el valor máximo entre las dos entradas. Se referencia a través del símbolo "↑"; la tabla 9 muestra la operación.

Tabla 9. Comportamiento de la compuerta max y su correspondiente símbolo.

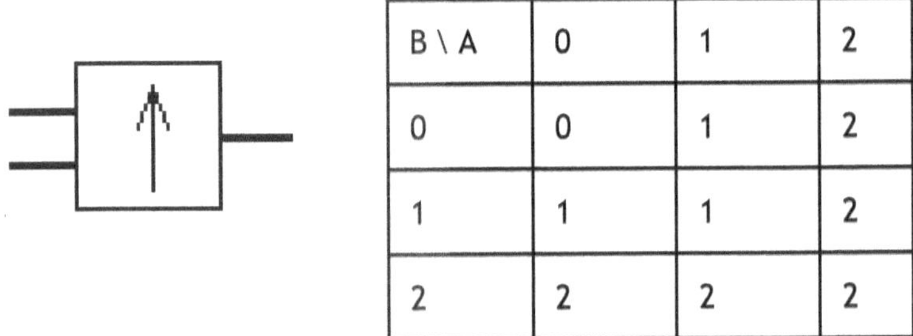

B \ A	0	1	2
0	0	1	2
1	1	1	2
2	2	2	2

- **Max Ex:**

Esta compuerta se relaciona de alguna manera con la función Max. La diferencia estriba en que la salida se produce siempre que una de las entradas en la que de forma exclusiva genera la salida, en otras palabras, la salida es el máximo entre las dos entradas siempre que las entradas sean diferentes, de lo contrario la salida es cero. Se referencia a través del símbolo "⇑"; la tabla 10 muestra la operación.

Tabla 10. Comportamiento de la compuerta max exclusivo y su correspondiente símbolo.

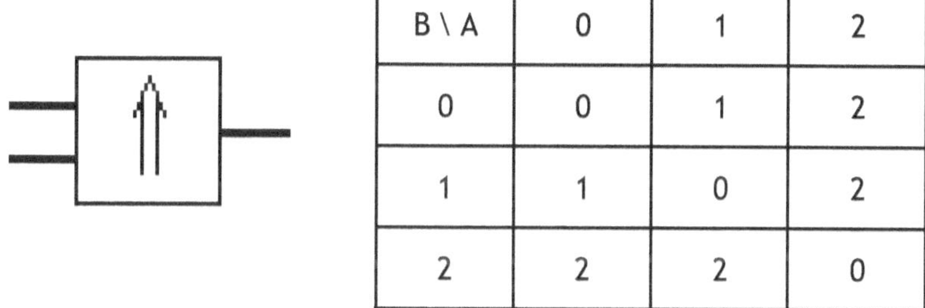

B \ A	0	1	2
0	0	1	2
1	1	0	2
2	2	2	0

- **Media:**

El propósito de este operador es seleccionar la media más cercana entre dos entradas. Si ambas entradas son 1 entonces la salida es 2; si una de las entradas es un 1, la salida es un 1. Si ninguna de las entradas es un 1, entonces la salida es un 0. Se referencia a través del símbolo "→"; la tabla 11 muestra la operación.

Tabla 11. Comportamiento de la compuerta media y su

correspondiente símbolo.

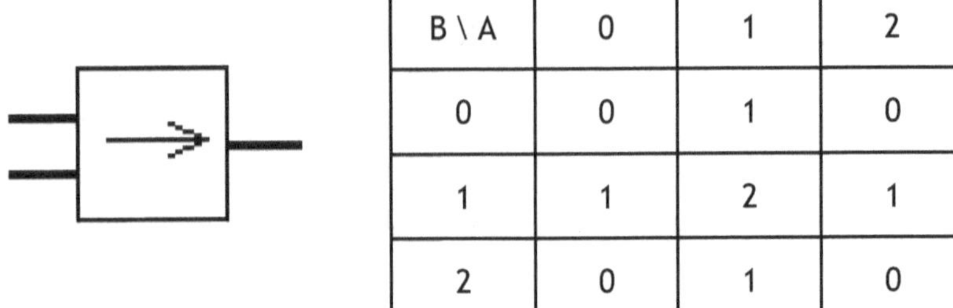

B \ A	0	1	2
0	0	1	0
1	1	2	1
2	0	1	0

- **Equ:**

El propósito de este operador es el de comparar si las dos entradas son iguales. De ser esto cierto la salida es "2", de lo contrario es "0". Se referencia a través del símbolo "≡"; la tabla 12 muestra la operación.

Tabla 12. Comportamiento de la compuerta EQU y su correspondiente símbolo.

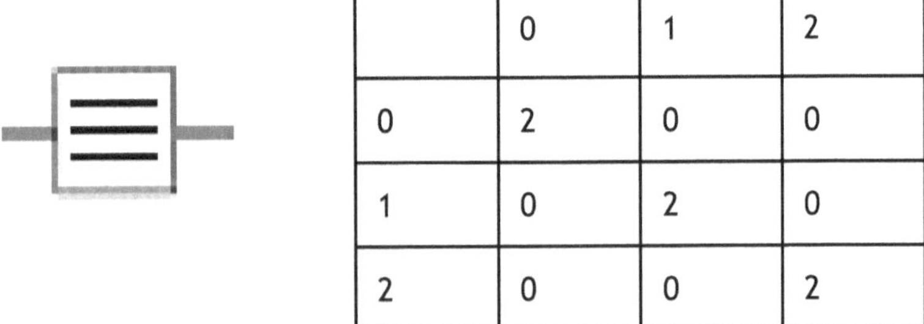

	0	1	2
0	2	0	0
1	0	2	0
2	0	0	2

6.3.- Leyes Algebraicas

Las leyes algebraicas ternarias son similares a las de otros campos de la matemática, sin embargo, existen un grupo de excepciones que deben cuidarse.

- **Ley Conmutativa**

La ley conmutativa establece que el orden de las entradas no tiene incidencia sobre la salida, es decir:

$A + B = B + A$, excepto para las operaciones de *Subir* y *Bajar* y el comparador de equidad.

- **Ley Asociativa**

Esta ley establece que, para la adición de tres variables, la siguiente identidad es válida:

$(A + B) + C = A + (B + C)$, de la misma manera el orden usado en las operaciones de *Max* y *Min* produce el mismo resultado. Sin embargo, nuevamente la excepción la constituyen las operaciones de *Subir* y *Bajar* y el comparador de equidad *Equ*.

- **Ley Distributiva**

La ley distributiva se acepta para tres variables de la siguiente manera:

$$A (B + C) = AB + AC$$, siendo nuevamente las operaciones de *Subir* y *Bajar* y el comparador de equidad *Equ* la excepción.

- **Identidad**

Las siguientes operaciones pueden considerarse identidades:

$$0 + A = A$$

$$2 \downarrow A = A$$

- **Relación entre Max y Min**

Los teoremas de Morgan son válidos en la lógica ternaria. Las funciones de *Min* y *Max* son asociadas de la siguiente manera:

$$A \uparrow B = \overline{(\underline{A} \downarrow \underline{B})}$$

$$A \downarrow B = \overline{(\underline{A} \uparrow \underline{B})}$$

7.- Bibliografía

SMITH K.C., (Sept. 1981) "The prospects for multivalued logic: A technology and applications view", *IEEE Trans. Comput.*, vol. C-30, pp. 619-634.

SRIVASTAVA A., VENKATAPATHY K.., (Apr. 1995) "Design and implementation of a low power ternary full adder", *Gordon and Breach Science Publishers S. A.*, pp. 75-81.

YOELI M., ROSENFELD G. (Feb. 1965), "Logical Design of ternary switching circuits", *IEEE Trans. Comput.*, vol. C-14, pp. 19-29.

MORRIS M. (1987), "Diseño digital", Prentice Hall, México

www.ternary.cc, página web consultada el 10 de agosto de 2008

Parte

2

OPERACIONES

1.- Introducción

Las sumas y restas de números ternarios no decimales se rigen por las mismas reglas básicas de los números ternarios no decimales, solo que las tablas de suma y resta son diferentes.

Una operación ternaria en A es una regla que asigna a cada par de elementos de A un único elemento de A. Formalmente, una operación ternaria es una función. Por ejemplo, la suma de los números enteros puede ser definida como la función familiarizada con nuestro modo de producir la respuesta. Así $+ (2,3) = 5$ y $+ (-4,11) = 7$. Esto parece un poco extraño y que probablemente es más fácil para nosotros ver $2 + 3 = 5$ y $-4 + 11 = 5$. Del mismo modo, si "*" es una operación binaria en un conjunto entonces vamos a escribir a * b * en lugar de (a, b).

Uno de los problemas que tenemos es ¿cómo vamos a nombrar estas operaciones ternarias? Cuando hablamos de las operaciones ternarias "multiplicación" y "adición" solemos pensar en las operaciones sobre los números reales. En lugar de inventar nuevas palabras para cada nueva operación binaria tienden a utilizar "multiplicación" o "adición", pero se dan cuenta de que es posible que no sea nuestro funcionamiento habitual. La idea de una operación ternaria es simplemente una manera de producir un elemento de un conjunto de un determinado par de elementos del mismo conjunto.

En este capítulo se tratará lo relativo a las funciones de suma, resta, multiplicación y división y algunos teoremas ternarios interesantes, así como también su semejanzas y diferencias respecto a la base decimal.

2.- Aritmética Ternaria

La aritmética en ternario es muy similar a la aritmética en otros sistemas numéricos. La suma, resta, multiplicación y división se puede realizar en números ternarios observando las diferentes reglas que aplican.

2.1.- Suma Ternaria

La operación aritmética más simple en ternario es la adición de un solo dígito de dos números ternarios, que puede verse en el siguiente ejemplo:

$$0 + 0 \rightarrow 0$$

$$0 + 1 \rightarrow 1$$

$$0 + 2 \rightarrow 2$$

$$1 + 0 \rightarrow 1$$

$$1 + 1 \rightarrow 2,$$

$$1 + 2 \rightarrow 0, \text{ acarreo } 1$$

$$2 + 0 \rightarrow 2$$

$$2 + 1 \rightarrow 0, \text{ acarreo } 1$$

$$2 + 2 \rightarrow 1, \text{ acarreo } 1$$

La adición de un sólo dígito de dos números ternarios puede ser resumida en la tabla 13. Esta tabla se denomina medio sumador ya que no considera un acarreo de entrada o simplemente lo considera 0.

Tabla 13. Medio sumador.

B \ A	0	1	2
0	0	1	2
1	1	2	0
2	2	0	1

El acarreo de salida generado en la suma de un dígito de dos números ternarios puede apreciarse en la tabla 14.

Tabla 14. Acarreo de salida para un medio sumador.

B \ A	0	1	2
0	0	0	0
1	0	0	1
2	0	1	1

El concepto de acarreo es similar a lo que ocurre cuando ciertos decimales de un solo dígito se suman; si el resultado es igual o superior al valor de la base (10), el dígito a la izquierda se incrementa:

$5 + 5 \rightarrow 0$, llevan 1 (desde el $5 + 5 = 0 + 1 \times 10$)

$7 + 9 \rightarrow 6$, llevan 1 (desde el $7 + 9 = 6 + 1 \times 10$)

Esto se conoce como ejecución. Cuando el resultado de una suma supera el valor de un dígito, el procedimiento es el de "acarrear" la cantidad en exceso dividido por la base (es decir, 10/10) a la izquierda, y se añade el próximo valor posicional. Esto es correcto ya que la siguiente posición tiene un peso que es superior por un factor igual a la base. La ejecución de operaciones de la misma manera en ternario sería:

```
    1  1  0  0    (acarreo)
    1  2  2  0  1
+   0  2  1  1  0
---------------------
=   2  2  0  1  1
```

En este ejemplo, dos números se suman: 12201_3 (154 en notación decimal) y 2110_3 (66 en notación decimal). La fila superior muestra los acarreos de cada etapa. A partir de la columna derecha, $1 + 0 = 1$ (acarreo 0), el acarreo de cero se escribe sobre la columna mas próxima de la izquierda. Entonces se tiene $0 + 0 = 0$ y a su vez $0 + 1 = 1$ (acarreo 0). Nuevamente el acarreo de cer se escribe sobre la columna mas próxima de la izquierda. Ahora se tiene 0 + 2 = 2 y a su vez 2 + 1 = 0 (acarreo 1).

Este último acarreo se escribe sobre la columna mas próxima de la izquierda. Entonces se tiene 1 + 2 = 2 y a su vez 2 + 2 = 1 (acarreo 1); finalmente se tiene 1 + 1 = 2 y a su vez 2 + 0 = 2 (acarreo 0). Este último acarreo tiene aplicaciones que no se mencionarán aquí. Finalmente se tiene el resultado 22011_3 (220 en notación decimal).

Nótese que para la ejecución de una suma multietapas es necesario considerar el acarreo de la etapa anterior, esto se logra usando la tabla de la verdad de un sumador completo. El sumador completo considera el acarreo de salida proveniente de un sumador en una etapa anterior (ver la tabla 15), en este caso C_{in} es el acarreo de entrada y C_{out} es el de salida.

Tabla 15. Tabla de la verdad de un sumador completo.

C in	A	B	C out	Suma
0	0	0	0	0
0	0	1	0	1
0	0	2	0	2

0	1	0	0	1
0	1	1	0	2
0	1	2	1	0
0	2	0	0	2
0	2	1	1	0
0	2	2	1	1
1	0	0	0	1
1	0	1	0	2
1	0	2	1	0
1	1	0	0	2
1	1	1	1	0
1	1	2	1	1
1	2	0	1	0
1	2	1	1	1
1	2	2	1	2
2	0	0	0	2
2	0	1	1	0
2	0	2	1	1
2	1	0	1	0
2	1	1	1	1
2	1	2	1	2
2	2	0	1	1

2	2	1	1	2
2	2	2	2	0

2.2.- Resta Ternaria

Si nos fijamos en las posibilidades presentes en la resta de un número de un solo dígito de dos números ternarios, podemos ver rápidamente que existen nueve (9) combinaciones posibles:

$0 - 0 \rightarrow 0$

$0 - 1 \rightarrow 1$, préstamo 1

$0 - 2 \rightarrow 2$, préstamo 2

$1 - 0 \rightarrow 1$

$1 - 1 \rightarrow 0$

$1 - 2 \rightarrow 1$, préstamo 1

$2 - 0 \rightarrow 2$,

$2 - 1 \rightarrow 1$

$2 - 2 \rightarrow 0$

El trit de préstamo ternario es como el préstamo en la resta decimal: se sustrae del siguiente dígito de mayor magnitud del número completo. La tabla de la verdad luce como se muestra en la tabla anexa.

Restando un 1 de un 0 produce el dígito 1, mientras que se deberá restar 1 de la siguiente columna. Esto se conoce como préstamo. El principio es el mismo que para el acarreo. Cuando el resultado de una resta es inferior a 0, el menor valor posible de un dígito, el procedimiento es el de "pedir prestado" el déficit, dividido por la base (es decir, 10/10) de la izquierda, restando del próximo valor posicional.

```
      0  0  1  0      (préstamo)
   1  2  2  0  1
-  0  2  1  1  0
   ------------------
=  1  1  0  1  1
```

Restar un número positivo es equivalente a la adición de un número negativo de igual valor absoluto; los equipos suelen utilizar la notación de complemento a la base para representar los valores negativos. Esta notación elimina la necesidad de una operación de "resta" separada usando solo la "suma".

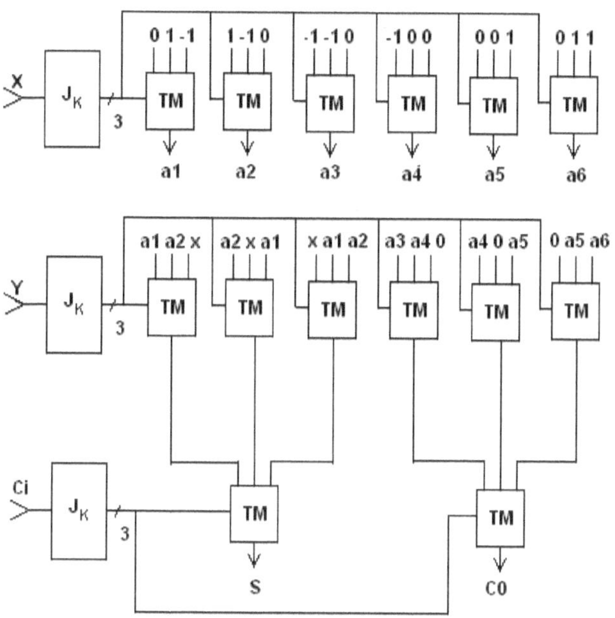

Figura 1. Circuito para un sumador completo.

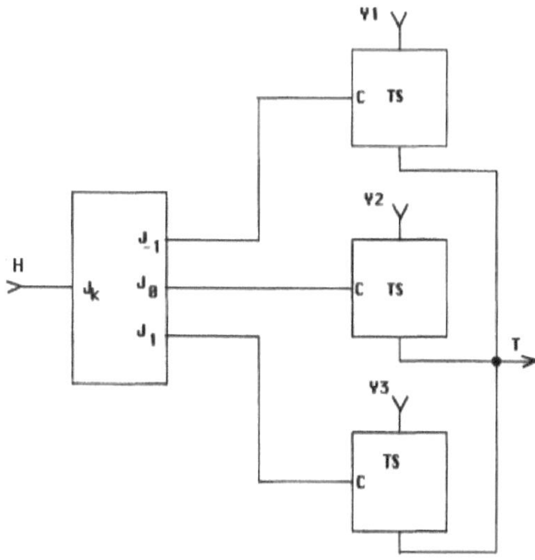

Figura 2. Circuito para un multiplexor ternario (TM).

2.2.1.- Resta en complemento a la base 3

Para un sistema en complemento a la base 3, el complemento de un número de n dígitos se consigue al restarlo de 3^n. Tal como se acostumbra con los números binarios, el trit mas significativo de un número sirve como trit de signo; un número es negativo si y solo si su trit mas significativo es 2. El equivalente decimal para un número ternario en complemento a 3 se calcula de la misma manera que para un número sin signo, excepto que el peso del trit mas significativo es -3^{n-1} en vez de $+3^{n-1}$. El rango de números representables comprende desde $-(3^{n-1})$ hasta $+(3^{n-1}-1)$. El ejemplo mostrado a continuación ilustra este concepto:

$$
\begin{aligned}
+19_{10} \;=\; & 000101_3 \\
& 222121_3 \quad \text{complemento} \\
& \underline{+1} \\
& 222122_3
\end{aligned}
$$

2.3.- Multiplicación Ternaria

La multiplicación en ternario es similar a su homólogo decimal. Dos números A y B podrán ser multiplicados por los productos parciales, es decir, por cada dígito en el B, el producto de ese dígito en A se calcula y se escribe en una nueva línea desplazado hacia la izquierda. La suma de todos estos productos parciales da el resultado final.

Dado que sólo hay tres dígitos en ternario, sólo hay tres posibles resultados de cada multiplicación parcial:

- Si el dígito en B es 0, el producto también es parcial 0

- Si la cifra es de 1 en B, el producto parcial es igual a A

- Si la cifra es de 2 en B, el producto parcial es igual al doble de A

Por ejemplo, los números ternarios 2102_3 y 0210_3 se multiplican de la siguiente manera:

```
              1  1  0  2   (A)
        x  0  2  1  0      (B)
        --------------------
              0  0  0  0    (Corresponde al 0 en B)
     +        1  1  0  2    (Corresponde al 1 en B)
     +     2  2  1  1       (Corresponde al 2 en B)
     + 0  0  0  0           (Corresponde al 0 en B)
        ------------------------------------
     = 1  0  0  2  1  2  0
```

2.4.- División Ternaria

La división ternaria de nuevo es similar a su homólogo decimal:

$$12102 \big| 112$$

En este caso, el divisor es 112_3, ó 14 en decimal, mientras que el dividendo es 12102_3, ó 146 en decimal. El procedimiento es el mismo que el de una división decimal binaria; aquí, el divisor 112_2 entra en los tres primeros dígitos del dividendo de 121_3 una vez, por lo que se escribe un "1" en la línea superior. Este resultado se multiplica por el divisor, y se restará de los tres primeros dígitos del dividendo, el siguiente dígito (un "1") se incluye para obtener una nueva secuencia de tres dígitos:

```
               1
         ---------
   1 1 2 | 1 2 1 0 2
          -1 1 2
          -------
           2 2 0
```

El procedimiento se repite con la nueva secuencia, continuando hasta que los dígitos en el dividendo que se hayan agotado:

$$
\begin{array}{r}
1\ 0\ 1 \\
\hline
112\,|\,1\ 2\ 1\ 0\ 2 \\
-1\ 1\ 2 \\
\hline
0\ 2\ 0\ 2 \\
-\ \ 1\ 1\ 2 \\
\hline
0\ 2\ 0
\end{array}
$$

Así, el cociente de 12102_3 divididos por 112_3 es 101_3, tal y como se muestra en la línea superior, mientras que el resto, que se muestra en la línea inferior, es 20_3. En decimal, 146 dividido por 14 es 10, con un resto de 6.

3.- Teoremas

Las identidades matemáticas son siempre fórmulas matemáticas. Con frecuencia son utilizadas para sustituir expresiones, de manera de reducir la aparente complejidad de una fórmula, la tabla 16 muestra varios de los teoremas mas importantes en la lógica digital ternaria.

Tabla 16. Identidades matemáticas.

$2 + A = 2$	$A \rightarrow A = (\underline{0 \rightarrow A}) \cup$	$(A \cup) \cap = A$
$0 \downarrow A = 0$	$A \equiv A = 2$	$(A \cap \cap) = A \cup$
$2 \downarrow A = A$	$A \equiv \underline{A} = 0$	$(A \cup \cup) = A \cap$
$0 \rightarrow A = (A \cap) \searrow$	$(A \Uparrow 1) \Uparrow 1 = A$	$A (A \downarrow B) = A$
$1 \rightarrow A = ((A \cap) \searrow) \cap$	$A \downarrow A = A$	$A \downarrow (A B) = A$
$2 \rightarrow A = (A \cap) \searrow$	$(A \cap) \cup = A$	$1 \downarrow A = (A \nearrow) \cup$
$0 \rightarrow A = 2 \rightarrow A$		

4.- Bibliografía

H. T. Mouftah and Alex Heung, (April 1985) *"Depletion/Enhancement CMOS For a Low Power Family of Three-Valued Logic Circuits"* in Proc. Solid State Circuits, vol. SC-20, pp. 609-616.

H. T. Mouftah, (May 1976) *"A study on the implementation of three-vafued logic"* in Proc. ISM VL- 76 (Bloomington, IL), pp. 123-126.

www.ternary.cc, página web consultada el 10 de agosto de 2008

Parte

3

CIRCUITOS LÓGICOS COMBINACIONALES Y SECUENCIALES

1.- Introducción

Los circuitos lógicos forman la base de los sistemas de cómputo digital de manera que para apreciar su funcionamiento es necesario entender algunos conceptos en lógica digital.

2.- Principios de diseño lógico

En general los circuitos lógicos se clasifican en dos tipos: "combinacionales" y "secuenciales". Se dice que un circuito lógico *combinacional* es aquel cuyas salidas sólo dependen de sus entradas actuales mientras que las salidas de un circuito lógico *secuencial* no sólo dependen de las entadas presentes, sino también de la secuencia pasada de entradas, sin importar en qué instante de tiempo hayan sucedido.

3.- Circuitos Combinacionales

Un circuito combinacional puede contener un número arbitrario de compuertas, pero nunca lazos de retroalimentación; considerando un lazo *de retroalimentación* como una ruta para una señal dada del circuito en cuestión la cual permite que la salida de una compuerta lógica se propague hacia la entrada de la misma compuerta; creando el lazo de esta manera el comportamiento secuencial del sistema.

Para el *análisis* de los circuitos combinacionales, se inicia con un diagrama lógico a través del cual se debe obtener una descripción formal de la función realizada por el circuito, su tabla de verdad o una expresión lógica. Para la *síntesis,* se hace lo contrario, se inicia con una descripción formal y se llega a diagrama lógico.

Normalmente los circuitos combinacionales pueden tener una o más salidas. La mayoría de las técnicas de análisis y síntesis pueden extenderse de una forma obvia de circuitos de una sola salida a circuitos de salidas múltiples. Sin embargo, algunas técnicas pueden también extenderse de una forma no tan obvia para mejorar la efectividad en el caso de salidas múltiples.

3.1.- Decodificador Ternario

Un *decodificador* es un circuito lógico de múltiples entradas y múltiples salidas el cual es capaz de convertir un conjunto de entradas codificadas en salidas codificadas en otro código. El código de entrada tiene, en general, menos bits que el código de salida y hay una correspondencia uno a uno de las palabras código entrantes respecto a las palabras código salientes.

Las entradas habilitadas, si están presentes, deben estar activas para que el decodificador realice su función de mapeo normal. El código de entrada en este caso es un código ternario de n trits, en el cual una palabra de n bits representa uno de los 3^n diferentes valores codificados,

3.2.- Codificador Ternario

Un código de salida de un decodificador tiene más bits que su código de entrada. Si el código de salida del dispositivo tiene *menos* bits que su código de entrada, típicamente se conoce al dispositivo como *codificador*. Probablemente el codificador más simple de construir es un 3^n a *n* o *codificador ternario*. Este tiene justamente la función opuesta a la de un *decodificador* ternario; su código de entrada es el código 1 de 3^n y su código de salida es un ternario de *n* bits.

3.3.- Multiplexor Ternario

Un multiplexor puede visualizarse como un conmutador digital el cual encauza datos de una de *n* fuentes a su salida. Típicamente en un multiplexor hay *n* fuentes de datos, cada una de las cuales tiene *b* trits de ancho y pueden seleccionarse a través de *s* entradas de selección. Adicionalmente existe una entrada de selección que le permite al multiplexor realizar su trabajo, recordando que el multiplexor es unidireccional, es decir, a diferencia de un conmutador mecánico, la información solo puede fluir en una única dirección: de la entrada a su salida.

En la figura 3 puede verse el esquema de un multiplexor de 3 líneas a 1, el cual no implementa la señal *enable* (EN). Para su diseño se utiliza la identidad $2\downarrow A = A$ para habilitar la sección respectiva y seguidamente maximizar estas 3 entradas al mismo tiempo con el fin de recombinarlas. Nótese que hasta ahora no se habían planteado compuertas de mas de dos entradas; en este caso la conceptualización de la compuerta establece la función MAX como el valor máximo de cualesquiera de las entradas. También puede apreciarse que para que la función MAX trabaje correctamente las líneas que no son habilitadas deben generar un O lógico.

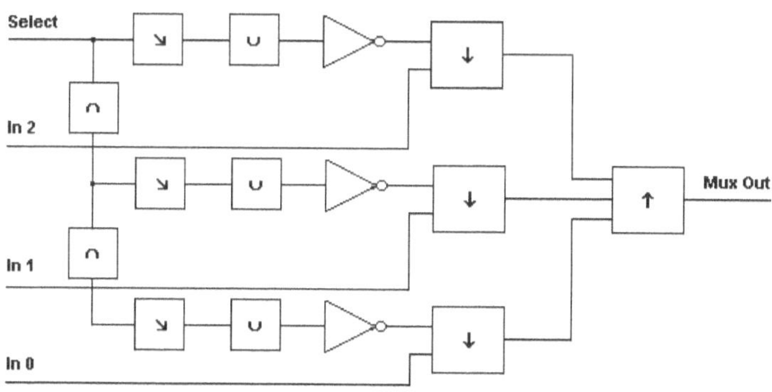

Figura 3. Multiplexor 3 a 1 sin entrada de habilitación.

3.4.- Demultiplexor Ternario

La función de un demultiplexor es exactamente la opuesta de un multiplexor. Un demultiplexor de n salidas de 1 trit tiene una entrada de datos y s entradas para seleccionar uno de los $n = 3^s$ salidas de datos. En operación normal, todas las salidas excepto la seleccionada son 0; mientras que la salida seleccionada obtiene los datos de la entrada y nuevamente, al igual que ocurre con el multiplexor, el dispositivo es unidireccional. La figura 4 muestra el esquema de un multiplexor cuya construcción es similar a la de un multiplexor, excepto que las salidas no se combinan al final con una compuerta MAX, en cambio cada una de ellas permanece separadas. Tal como se puede apreciar, esta ha sido diseñada para pasar un 0 lógico en todas las salidas excepto a aquella seleccionada, la cual coloca a su salida el valor de la entrada.

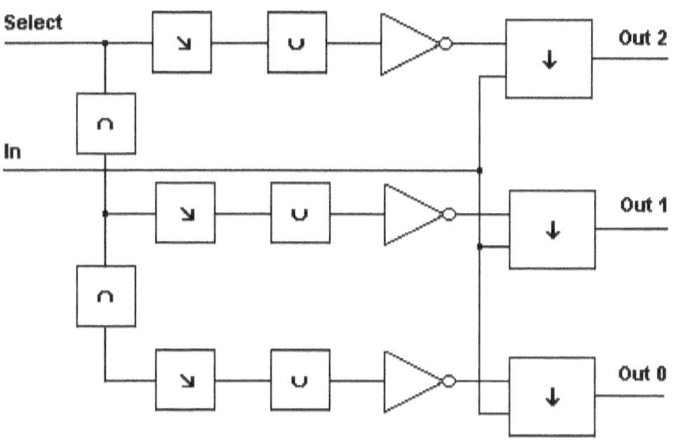

Figura 4. Demultiplexor 1 a 3 sin entrada de habilitación.

4.- Circuitos Secuenciales

Un circuito lógico *secuencial* se define como aquel cuyas salidas no sólo dependen de sus entradas actuales, sino también de una secuencia de entradas previas, así, es poco conveniente y algunas veces imposible describir el comportamiento de un circuito secuencial por medio de una tabla que liste las salidas en función de la secuencia de entradas que se han recibido hasta el momento presente.

El *estado* de un circuito secuencial, es una colección de *variables de estado,* cuyos valores en cualquier momento contienen toda la información pasada necesaria para establecer el comportamiento futuro del circuito.

En un circuito lógico digital, las variables de estado son valores ternarios correspondientes a ciertas señales lógicas del circuito, como se verá en secciones posteriores. Un circuito con n variables de estado ternarias tiene 3^n estados posibles. Por muy grande que parezca, 3^n siempre es finito, nunca infinito, de modo que los circuitos secuenciales son llamados, algunas veces, *máquinas de estados finitos*.

Los cambios de estado de la mayoría de los circuitos secuenciales ocurren en tiempos especificados por una señal de *reloj* que corre libremente. Por convención, una señal de reloj es activa alta si el cambio de estado ocurre en el borde ascendente del reloj o cuando el reloj está en ALTO; y activo bajo en el complementario. Como es de esperarse, los relojes ternarios pueden presentar tres estados, sin embargo, para los casos mas sencillos y considerando la lógica positiva, se asocia el valor de "0" con un voltaje bajo y un "2" con un voltaje alto. El *período de reloj* es el tiempo entre transiciones sucesivas en misma dirección y la *frecuencia de reloj* es el recíproco del periodo.

4.1.- Elementos Triestables

El circuito secuencial más simple consiste en un par de inversores que forman un lazo de retroalimentación. *Sólo* tiene dos salidas Q y Q̄ y no tiene entradas. La figura5* muestra el circuito.

Los triestables y los triflops son bloques funcionales elementales en la constitución de dispositivos de lógica secuencial, cada uno de estos bloques esta constituido con un conjunto de compuertas de una o dos entradas. Los triestables son una extensión de los biestables binarios (latchs), los cuales monitorean en forma continua todas sus entradas y cambian su salida en cualquier momento, independientemente de una señal de reloj.

Al igual que ocurre con los elementos biestables binarios, los triestables se construyen a partir de compuertas lógicas retroalimentadas. El elemento biestable mas comúnmente estudiado y usado es el denominado biestable S-R basado en compuertas NOR, sin embargo, la analogía ternaria no puede ser directa puesto que debe existir un estado intermedio, por lo que puede ser llamado triestable S-I-R, donde los tres estados son: S para set, I para intermedio y R para *reset*.

Otro elemento a estudiar es el biestable D, el cual se puede razonar como un elemento biestable S-I-R con entrada de habilitación. Estos dispositivos son útiles cuando se desea almacenar un trit de información, siempre que este trit se presente en una única línea de información. La figura 5 muestra un triestable tipo D.

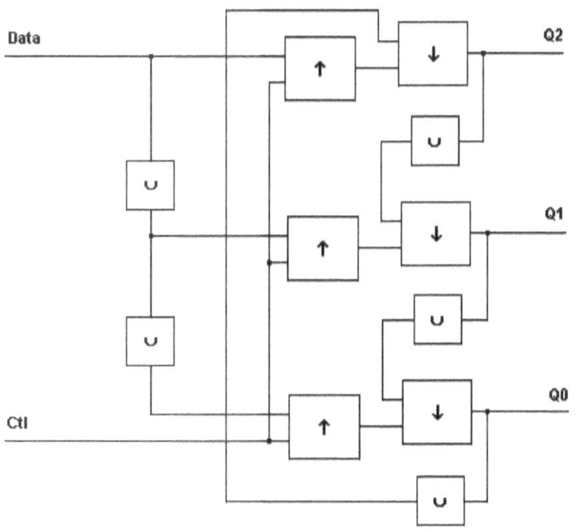

Figura 5. Triestable D.

El comportamiento funcional del triestable tipo D se muestra en la figura 5. Cuando la entrada CLK se encuentra excitada (2 lógico), la salida Q_2 sigue a la entrada D; dado este comportamiento bajo estas condiciones, se dice que el triestable está "abierto" y la ruta desde la entrada D a la salida Q_2 es "transparente", por lo cual se conoce también como un "triestable transparente". Una vez que la señal de reloj pasa a 0 lógico, el triestable se cierra, la salida Q_2 retiene el último valor y no lo cambia en respuesta a D, mientras CLK permanezca en 0 lógico, naturalmente. Es importante resaltar que en la ventana de tiempo de descenso de la señal CLK el dato presente en D no debe variar pues esto originaría problemas de estabilidad, haciendo la salida impredecible.

4.2.- Elementos Triflops

Los triflops son una extensión de los circuitos denominados flip flops binarios, los cuales son unos dispositivos secuenciales que muestrean sus entradas y cambian sus salidas solo en tiempos determinados por una señal de reloj. Un triflop disparado por flanco positivo combina dos triestables D, con la finalidad de conseguir un circuito que muestree sus entradas D y cambie sus salidas Q_0, Q_1 y Q_2 solo en el borde de ascenso de una señal CLK de control. Al primer triestable se le denomina maestro; el cual al estar abierto (CLK en 2 lógico) sigue la entrada D y al estar CLK en bajo (0 lógico) se cierra y su salida se transfiere al segundo triestable llamado esclavo.

Al igual que ocurre con los triestables tipo D, el triflop D disparado por flanco tiene una ventana de tiempos de activación y retención durante la cual no debe cambiar la entrada D. Dicha ventana ocurre alrededor del borde de disparo CLK. Si los tiempos de activación y retención no son satisfechos las salidas Q_0, Q_1 y Q_2 podrían pasar a un estado estable no predecible.

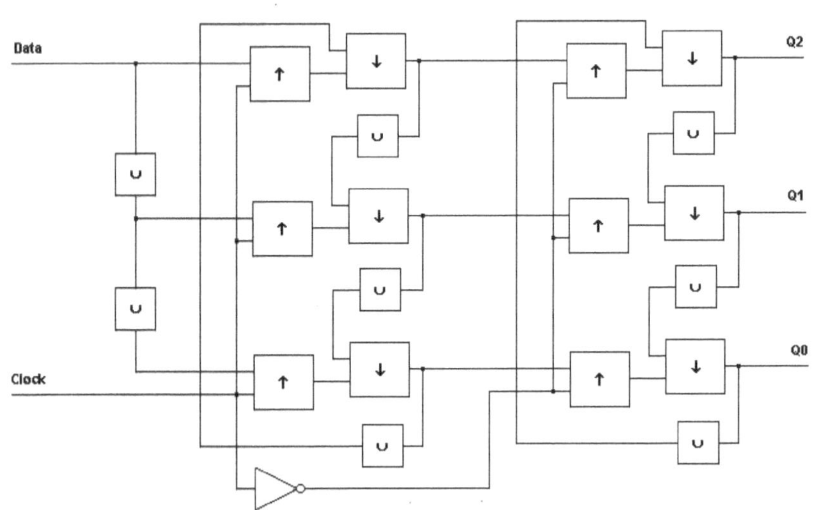

Figura 6. Triflop D disparado por flanco positivo.

Parte

4

PARÁMETROS DE FUNCIONAMIENTO DE LAS COMPUERTAS LÓGICAS

1.- Introducción

Las características de funcionamiento de las compuertas lógicas digitales tienen estrecha relación con el tipo de transistor seleccionado para su implementación, siendo que típicamente los transistores MOSFETs son preferidos por un sin fin de ventajas, sin embargo, su interconexión y configuración final depende netamente del diseñador.

En este capítulo se enfocan las características de las compuertas lógicas digitales que usualmente sirven de punto de comparación entre diferentes tipos de familias lógicas como lo son el tiempo necesario para que una compuerta pueda responder, la cantidad de compuertas que puede soportar a la salida, entre otros

2.- Características Estáticas

Las características estáticas son definidas como la relación entre un par de variables que se mantienen constantes sin importar el tiempo que transcurre desde el momento que se tiene la entrada o excitación al sistema hasta una salida válida, esta relación usualmente se expresa en forma gráfica.

3.- Características Dinámicas

Las características dinámicas de un circuito son el parámetro más importante en la aplicación de componentes activos después de la función lógica y las características estáticas. Consiste en deducir el comportamiento dinámico a partir de los diagramas esquemáticos y otros datos tecnológicos, al menos de una forma cualitativa. El operar los componentes en un ambiente de prueba y observando las formas de las ondas de entrada y salida es de gran ayuda para lograr conocer las características dinámicas.

3.1.- Retardo de propagación (Time Delay, T_d):

El retardo de propagación es el retardo de tiempo de
transición promedio para que una señal se propague desde la
entrada a la salida cuando la señal ternaria de entrada cambia en
valor. Las señales a través de una compuerta toman cierta cantidad
de tiempo para propagarse desde la entrada a la salida y dicho
tiempo normalmente se mide en nano segundos. La mayoría de los
fabricantes cuantifican este tiempo desde el momento en que la
entrada alcanza el 50% de su valor final hasta el 50% del valor final
de la salida del circuito en cuestión, la figura 7 muestra este tiempo.

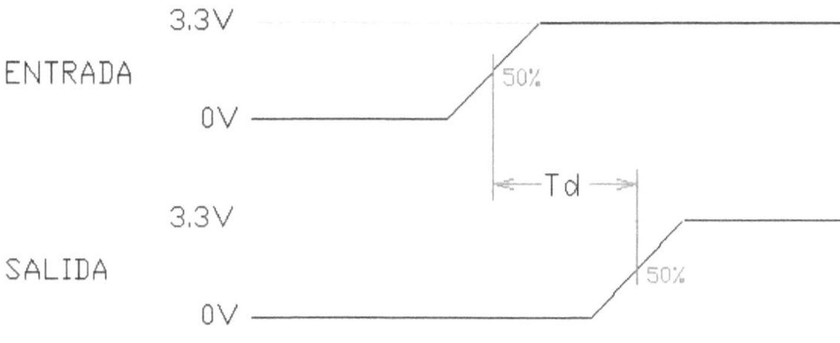

Figura 7. Retardo de propagación (Time Delay).

3.2.- Temperatura de operación:

Se refiere a las condiciones de temperatura bajo la cual un circuito ha sido diseñado para operar en plena carga. La mayoría de los circuitos pueden operar a una temperatura superior a la ambiental si algunas de sus características son sacrificadas o decrementadas. Los fabricantes en sus hojas de datos ofrecen este parámetro como un rango de funcionamiento dentro del cual el circuito puede operar sin disminuir o deteriorar las capacidades listadas.

3.3.- Tiempo de subida (Rise Time, T_r):

Se define como el tiempo que tarda una señal de salida para ir del 10% al 90% del nivel final. Para los dispositivos electrónicos digitales el tiempo es típicamente medido en nano segundos, la gráfica X muestra este tiempo para una salida ternaria que va de 0V (1 lógico) hasta 3.3V (2 lógico).

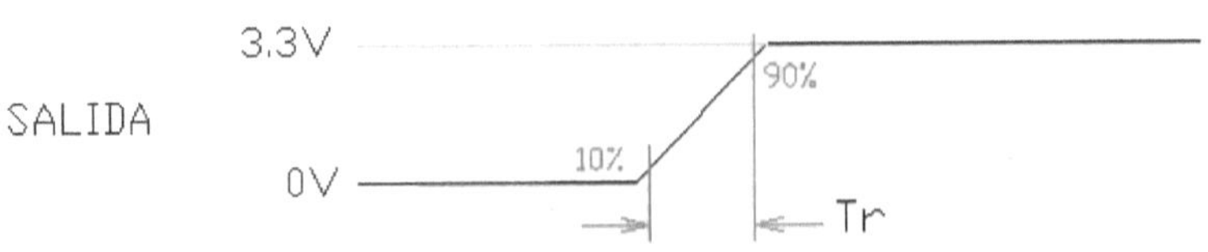

Figura 8. Tiempo de subida (Rise Time).

2.4.- Tiempo de bajada (Fall Time, T$_f$):

Se define como el tiempo que tarda una señal de salida para ir del 10% al 90% del nivel final. Para los dispositivos electrónicos digitales el tiempo es típicamente medido en nano segundos, la gráfica X muestra este tiempo para una salida ternaria que va de 0V (1 lógico) hasta –3.3V (0 lógico).

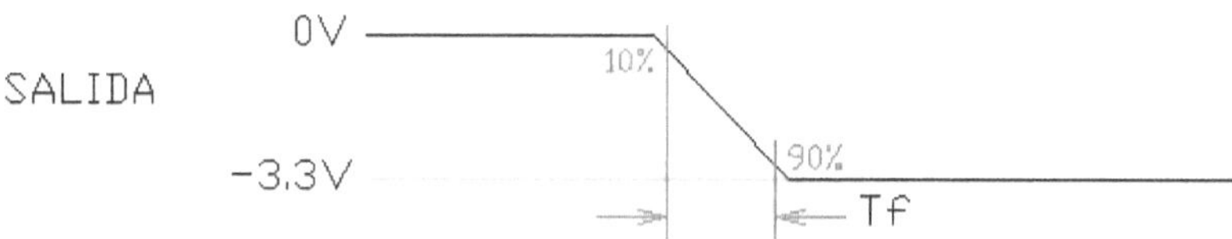

Figura 9. Tiempo de bajada (Fall Time).

2.5.- Abanico de salida (Fan Out)

Se refiere a la mensura de la capacidad que posee una compuerta lógica, implementada electrónicamente, de alimentar un número de entradas de otras compuertas lógicas del mismo tipo. En la mayoría de los diseños, las compuertas lógicas se encuentran conectadas entre si con el fin de formar un circuito mas complejo y es común que una salida de una compuerta lógica sea conectada a varias entradas de otras compuertas.

Una compuerta lógica ideal debe poseer una impedancia de entrada infinita y una impedancia de salida de cero, permitiendo que la salida alimente cualquier número de entradas. En todo caso, las tecnologías de fabricación del mundo real presentan restricciones para que una salida alimente un conjunto de entradas. En realidad, siempre existe un límite en el cual la salida de la compuerta no puede alimentar mas entradas.

El abanico de salida puede definirse como el número de entradas que puede conectarse a una salida antes de que la corriente requerida exceda la corriente que puede ser entregada por la salida mientras mantiene los valores correctos de voltaje.

2.6.- Margen de ruido (Noise Margin, NM):

El término margen de ruido establece el voltaje de ruido permitido en la entrada de una compuerta de manera tal que su salida no se vea afectada y está íntimamente relacionado con las características de voltaje de entrada-salida. El margen de ruido bajo se denomina (NM_l) y se define como la diferencia en magnitud entre el voltaje máximo de salida de la señal (V_{OLmax}) y el voltaje máximo de entrada de la señal (V_{OLmax}) reconocido por la compuerta.

2.7.- Disipación de potencia (Power Disipation, P_d):

Es la potencia suministrada requerida para operar la compuerta. Este parámetro se expresa en miliwatts (mW) y representa la potencial real disipada en la compuerta. El número que representa este parámetro no incluye la potencia suministrada por otra compuerta; mas bien representa la potencia suministrada a la compuerta por el suministro de potencia.

En circuitos digitales basados en transistores MOSFET la potencia disipada esta estrechamente ligada a la frecuencia de funcionamiento. Esto ocurre ya que, en algunos instantes, cuando se conmuta de un estado a otro, tienen lugar breves cortocircuitos de la fuente de alimentación, haciendo que el consumo se incremente en la misma medida que la frecuencia de operación.

La gráfica X muestra el consumo de potencia de un circuito típico. Nótese que el consumo de potencia ocurre mayoritariamente durante la conmutación de la señal (cada 100ns, en este caso) y tiende a ser muy bajo una vez que se alcanza el régimen permanente. El promedio de esta energía consumida es lo que se conoce como Potencia Disipada.

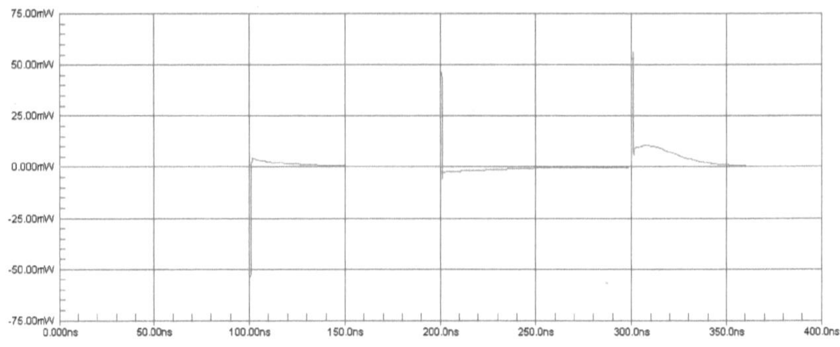

Figura 10. Consumo de potencia típico.

4.- Bibliografía

MORRIS M. (1987), "Diseño digital", Prentice Hall, México

Neil H.E. (1992), "Principles of CMOS VLSI Design: A System Perspective" 2nd Edition, Addison-Wesley, USA

Graf R. (1999) "Modern Dictionary of Electronics", 7th Edition, Newnes, USA

Parte

5

El Transistor de Efecto de Campo FET

1.- Introducción

En este capítulo se presenta la teoría relacionada con el transistor de efecto de campo también llamado FET. Se tratará la construcción y funcionamiento de varios transistores de campo, lo que conducirá a las características observadas en terminales. Este tipo de transistor presenta una acción de control muy eficaz en la cual la circulación de portadores mayoritarios está regida por tensiones de señal aplicadas a una unión pn polarizada inversamente.

2.- El transistor J-FET

El transistor de efecto de campo que se estudiará es el llamado transistor de efecto de campo de unión (JFET), en su versión de canal *n*. Este se forma gracias a un semiconductor tipo *n*, con conductores terminales unidos a dos de sus extremos. Un extremo se denomina fuente y otro drenador.

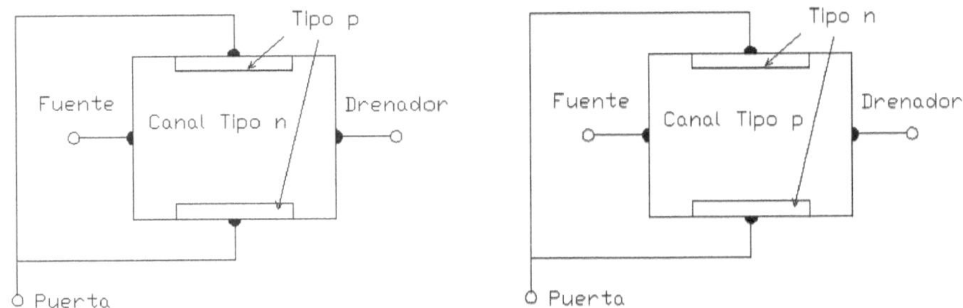

Figura 11. Representación esquemática de transistores de unión de campo.

El semiconductor forma el canal, tal como se observa en la figura 12. En torno del canal se difunde una zona tipo *p* muy estrecha, denominada puerta, a la cual se le practica la tercera conexión exterior. Por tanto, el transistor de campo de unión con canal *n* consiste en una unión PN formada por el canal tipo compuerta de tipo *p*. De forma análoga en un transistor J-FET con canal *p*, el canal es de tipo *p* y la compuerta de tipo *n*.

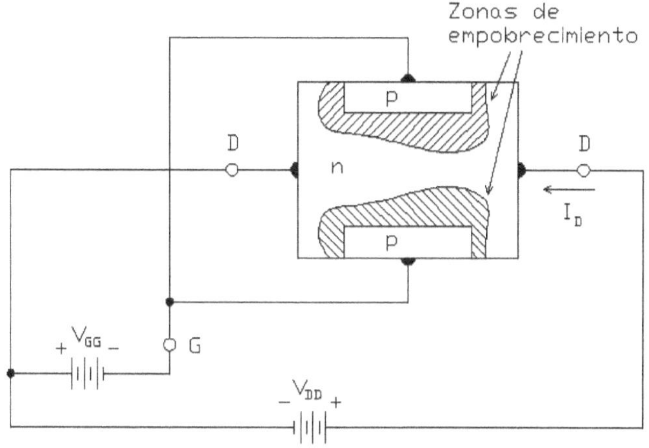

Figura 12. Funcionamiento normal de un JFET de canal *n*.

3.- Funcionamiento

Bajo funcionamiento normal, se hace circular una corriente una corriente de drenador a fuente aplicando una tensión entre ambos terminales, tal como se muestra en la figura 12. Para controlar esta corriente se aplica entre puerta y fuente, una tensión de polarización inversa (V_{GG}). Como consecuencia de ésta se extenderá, por el canal, una zona de empobrecimiento cuya forma estará regida por la magnitud de la tensión inversa en la unión PN. Si el drenador es positivo respecto a la fuente, la polarización inversa total aplicada a la unión PN cerca del extremo del drenador del canal será mayor que en las cercanías del extremo de la fuente, debido a que la tensión total entre drenador y puerta V_{DS} + V_{GS}.

Entonces la zona de empobrecimiento penetra mas en el canal hacia el extremo drenador del mismo.

La característica corriente-tensión de un JFET se deduce del análisis de la circulación de corriente a través del canal. Tal como se aprecia en la figura 12, el ancho de la unión es máxima en el extremo de la puerta más próxima al drenador, ya que allí la polarización inversa es la suma del potencial de compuerta más el potencial de drenador. La región más estrecha de la unión se halla en el otro extremo debido a que la caída de tensión a lo largo del canal implica que la polarización inversa se deba prácticamente al potencial de puerta. La suma de la tensión de puerta V_{GS} más la de drenador V_{DS} puede ser suficientemente grande para bloquear por completo el canal. Esta condición resulta normal y la polarización inversa necesaria para el bloqueo se representa por V_P.

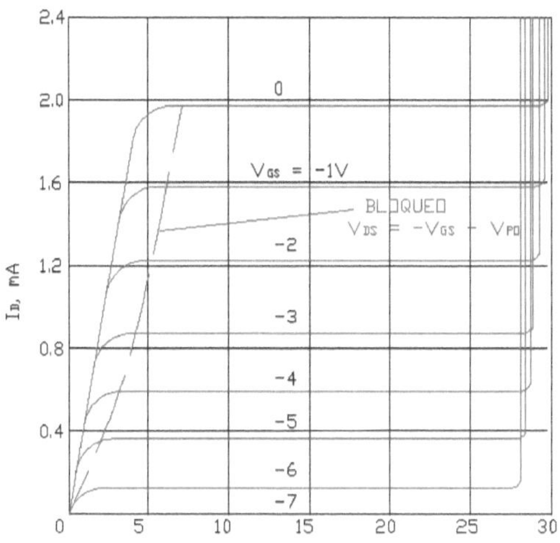

Figura 13. Características de drenador de un FET de canal *n*.

4.- Ecuaciones

4.1.- Ecuaciones de Entrada

Mediante la gráfica de entrada del transistor se pueden deducir las expresiones analíticas que permiten analizar matemáticamente el funcionamiento de éste. De esta manera, se tienen diferentes expresiones para las diferentes zonas de funcionamiento.

Para $|V_{GS}| > |V_P|$ (zona activa), la curva de valores límite de I_D viene dada por la expresión:

$$I_D = I_{DSS}(1 - \frac{V_{GS}}{V_P})^2$$

Siendo la I_{DSS} la I_D de saturación que atraviesa el transistor para V_{GS}=0, la cual viene dada por la expresión:

$$I_{DSS} = \frac{k}{2}V_P^{\,2}$$

Los puntos incluidos en esta curva representan las I_D y V_{GS} (punto de trabajo, Q) en la zona de saturación, mientras que los puntos del área inferior a esta representan la zona óhmica.

Para $|V_{GS}| < |V_p|$ (zona de corte): $I_D = 0$

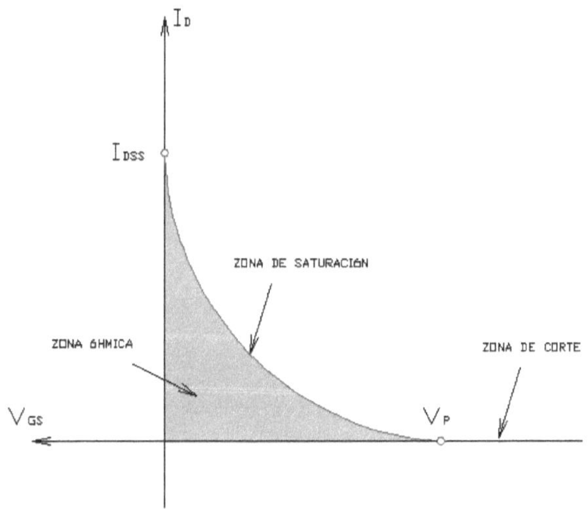

Figura 14. Gráfica de entrada de un JFET de canal *p*.

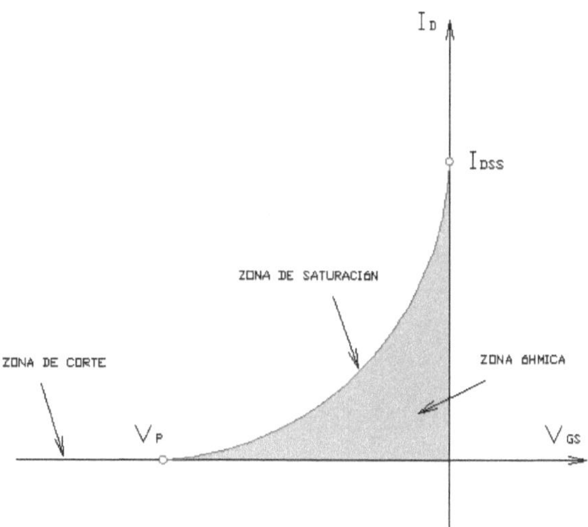

Figura 15. Gráfica de entrada de un JFET de canal *n*.

4.2.- Ecuación de Salida

En la gráfica de salida se pueden observar con mas detalle los dos estados en los que el JFET permite el paso de corriente. En un primer momento, la I_D va aumentando progresivamente según lo hace la tensión de salida V_{DS}. Dicha curva viene dada por la expresión:

$$I_D = \frac{k}{2} V_{DS} (V_{GS} - V_P)$$

que se expresa habitualmente como:

$$I_D = \frac{V_{DS}}{R_{on}}$$

Siendo:

$$R_{on} = \cfrac{1}{\dfrac{k}{2}(V_{GS} - V_P)}$$

Por tanto, en esta zona y con propósitos de análisis, el transistor puede ser sustituido por una resistencia de valor R_{ON}, con lo que se observa una relación entre la I_D y la V_{DS} definida por la ley de ohm. Esto hace que a esta zona de funcionamiento se le denomine zona óhmica.

A partir de una determinada V_{DS} la corriente I_D deja de aumentar, quedándose fija en un valor al que se denomina I_D de saturación o I_{DSAT}. El valor de V_{DS} a partir del cual se entra en esta nueva zona de funcionamiento viene dado por la expresión: $V_{DS} = V_{GS} - V_P$. Esta I_{DSAT}, característica de cada circuito, puede calcularse mediante la expresión:

$$I_D = \frac{k}{2}(V_{GS} - V_P)^2$$

6.- Bibliografía

Kendall Su. (1979), "Introducción al estudio de circuitos", Editorial Reverté S. A., USA

Brophy James (1972), "Electrónica fundamental para científicos", Segunda Edición, Editorial Reverté S. A., USA

Cirovic M. (2004), "Electrónica Fundamental: Dispositivos, Circuitos y Sistemas", Primera Edición, Editorial Reverté S. A., USA

Parte

6

IMPLEMENTACIÓN DE CIRCUITOS

1.- Introducción

En este capítulo se plantean los conceptos relacionados con la teoría de semiconductores, seguidamente se presenta en transistor MOSFET como elemento de diseño para la consecución de las compuertas lógicas digitales ternarias, así como su modelado matemático. Seguidamente se caracterizan los parámetros del diseño del transistor y se desarrollan las compuertas ternarias mostrando además las correspondientes pruebas de funcionamiento a través de un simulador. Finalmente se detallan los tipos de procesamiento utilizados para la fabricación de tales compuertas.

2.- Fundamentos de semiconductores

Para entender los conceptos fundamentales de semiconductores, es necesario aplicar la física moderna a los materiales sólidos, en especial los cristales del semiconductor. Los cristales son materiales sólidos que consisten en átomos, que se colocan en una estructura altamente ordenada llamada una trama. Tal estructura conlleva a un potencial periódico a través del material, que da lugar a algunas características notables.

Dos características de estos cristales son de interés particular. En primer lugar, es útil para saber cuántas cargas fijas y móviles están presentes en el material y en segundo lugar, para entender el transporte de los portadores móviles a través del semiconductor.

3.- El transistor MOSFET

El transistor MOSFET (transistor de efecto de campo de metal-óxido-semiconductor) es un tipo especial de transistor de efecto de campo (FET) que funciona de una manera electrónica variando la anchura a lo largo de un canal, el cual posee un flujo de portadores de carga (electrones o agujeros). Cuanto más amplio sea el canal, mejor conduce el dispositivo. Los portadores de carga entran al canal por la fuente y salen por el drenador. El ancho del canal es controlado por el voltaje en un electrodo llamado puerta, que se encuentra físicamente entre la fuente y el drenador y está aislado de la canal por una capa muy delgada de óxido de metal.

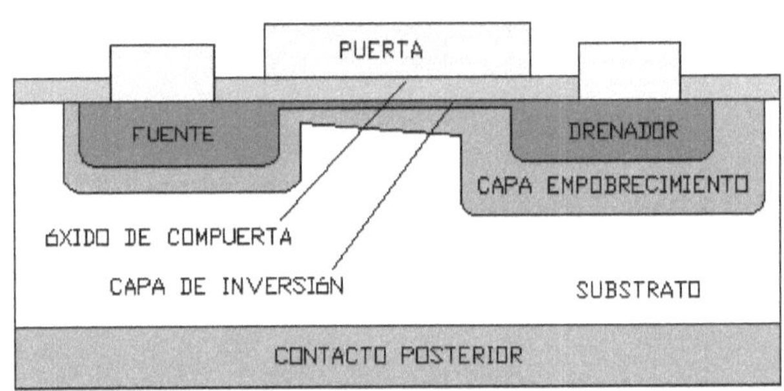

Figura 16. Sección transversal de un transistor MOSFET.

Hay dos maneras en que un MOSFET puede funcionar. La primera se conoce como modo de *empobrecimiento*. Cuando no hay tensión en la puerta, el canal presenta su máxima conductividad. Como la tensión en la puerta aumenta (ya sea positiva o negativamente, dependiendo de si el canal es de tipo *p* o *n*), la conductividad del canal disminuye. La segunda forma en que un MOSFET puede operar se llama el modo de *enriquecimiento*. Cuando no hay tensión en la puerta, no hay ningún efecto en canal, y el dispositivo no conduce; el canal es producido por la aplicación de un voltaje en la puerta. Cuanto mayor sea la tensión de puerta, mejor conduce el dispositivo.

3.1.- Modelado del transistor

En esta sección se presentan tres (3) diferentes modelos para el MOSFET, el modelo lineal, el modelo cuadrático y el modelo de capa de empobrecimiento variable. El modelo lineal predice de forma correcta el comportamiento del MOSFET para pequeños voltajes de drenador-fuente, donde el MOSFET actúa como resistencia. El modelo cuadrático incluye la variación del voltaje a lo largo del canal entre fuente y drenador. Este modelo es comúnmente usado a pesar del hecho de que la variación de la carga de la capa de empobrecimiento es ignorada. El modelo de capa de empobrecimiento variable es mas complejo ya que incluye la variación de la capa de empobrecimiento a lo largo del canal.

3.1.1. - El modelo lineal

El modelo lineal describe el comportamiento del MOSFET polarizado con un pequeño voltaje de drenador-fuente. Como el nombre lo sugiere, el modelo lineal describe al MOSFET actuando como un elemento lineal. Más específicamente, puede ser modelado como una resistencia lineal, la cual es modulada por el voltaje puerta-fuente. En este régimen el MOSFET puede ser usado como un suiche para señales analógicas y digitales o como un multiplicador analógico.

La expresión general para la corriente del drenador establece que es igual a la carga total en la capa de inversión dividida por el tiempo que los portadores necesitan para fluir desde la fuente al drenador, esto es:

$$I_D = \frac{Q_{inv} W L}{t_r} \qquad (1)$$

Donde Qinv es la carga de la capa de inversión por unidad de área, W es el ancho de la puerta, L es la longitud de la puerta y t_r es el tiempo de tránsito. Si la velocidad de los portadores es constante entre fuente y drenador, el tiempo de tránsito es:

$$t_r = \frac{L}{v} \quad (2)$$

Donde la velocidad, v, es igual al producto de la movilidad y el campo eléctrico:

$$v = \mu \mathcal{E} = \mu \frac{V_{DS}}{L} \quad (3)$$

La velocidad constante también implica un campo eléctrico constante de manera que el campo es igual al voltaje drenador-fuente dividido por la longitud de la puerta. Esto lleva a la siguiente expresión de la corriente de drenador:

$$v = -\mu^{''} Q_{inv} \frac{W}{L} V_{DS} \quad (4)$$

Ahora se asume que la densidad de carga en el canal de inversión es constante entre la fuente y el drenador. También se asume que la densidad de carga en la capa de inversión es igual a menos el producto de la capacitancia por unidad de área y el voltaje puerta-fuente es menos el voltaje umbral:

$$Q_{inv} = -C_{ox}(V_{GS} - V_T); para\ V_{GS} > V_T \quad (5)$$

La carga de la capa de inversión es cero si el voltaje de la puerta es menor que el voltaje umbral. Reemplazando la densidad de la capa de inversión en la expresión en la corriente del drenador, nos lleva al modelo lineal:

$$I_D = \mu C_{ox}\frac{W}{L}(V_{GS} - V_T)V_{DS}; para \; |V_{DS}| \ll (V_{GS} - V_T)$$ (6)

Nótese que la capacitancia en las ecuaciones precedentes proviene de la capacitancia del óxido de la puerta por unidad de área. Nótese también que la corriente de drenador es cero si el voltaje entre puerta-drenador es menor al voltaje umbral. El modelo lineal es sólo válido si el voltaje drenador-fuente es mucho mas pequeño que el voltaje puerta-fuente menos el voltaje umbral. Esto asegura que la velocidad, el campo eléctrico y el campo de la densidad de carga del campo de inversión es intrínsecamente constante entre fuente y drenador. Un ejemplo de la característica lineal de corriente versus voltaje de un MOSFET es mostrado en la figura 17.

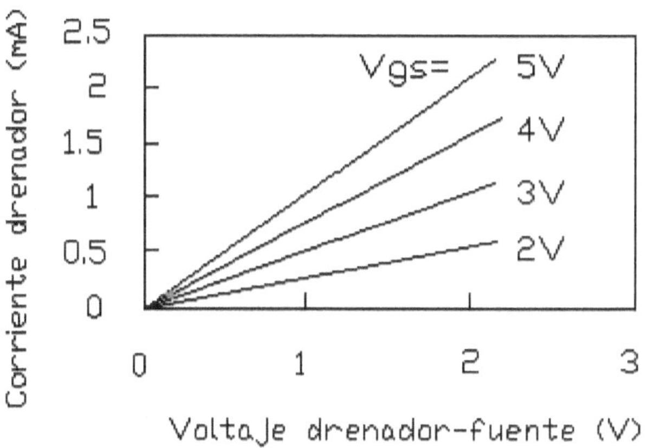

Figura 17. Característica I-V de un MOSFET con V_T = 1 V
(m_n = 300 cm^2/V-s, *W/L* = 5 y t_{ox} = 20 nm).

La figura 17 ilustra el comportamiento de el dispositivo en el régimen lineal: mientras no exista corriente de drenador (cuando el voltaje de puerta es menos que el voltaje umbral), la corriente se incrementa con el voltaje de puerta una vez que este es mas grande que el voltaje umbral. La pendiente de las curvas iguala la conductancia del dispositivo, la cual se incrementa linealmente con el voltaje aplicado a la compuerta. La figura muestra entonces el uso del MOSFET como una resistencia controlada por voltaje.

3.1.2.- El modelo cuadrático

El modelo cuadrático usa premisas similares al modelo lineal. En todo caso, este modelo permite la variación de la carga de la capa de inversión entre la fuente y el drenador. La variación se basa en el hecho de que la corriente es continua a través del canal. La corriente también es relacionada al cambio local de voltaje, $>I>V_c$.

Ahora se considera una pequeña sección en la cual el dispositivo con ancho de $dy>I>$ y el voltaje del canal $V_c + V_s$. El modelo lineal aún aplica en este caso, llevando a:

$$I_D = \mu C_{ox} \frac{W}{d_y} (V_G - V_S - V_C - V_T) dV_C \tag{7}$$

Donde el voltaje drenador-fuente es reemplazado por el voltaje del canal. Ambos lados de la ecuación pueden ser integrados desde la fuente al drenador, de manera tal que Y varíe de 0 hasta la longitud de la puerta L, y el voltaje del canal V_c varíe desde 0 hasta el voltaje drenador-fuente V_{DS}.

$$\int_0^L I_D \, dy = \mu Cox\, W \int_0^{V_{DS}} (V_G - V_S - V_C - V_T) dV_C \tag{8}$$

La corriente del drenador, I_D, es constante de forma que la integración resulta en:

$$I_D = \mu C_{ox}\frac{W}{L}\left[(V_{GS}-V_T)V_{DS}-\frac{V^2_{DS}}{2}\right];para\ V_{DS} < V_{GS}-V_T \tag{9}$$

La corriente del drenador se incrementa inicialmente de forma lineal con la aplicación del voltaje drenador-fuente, y entonces alcanza el máximo valor. De acuerdo con las ecuaciones precedentes la corriente debería decrementar y eventualmente volverse negativa. La densidad de carga al final del canal del drenador es cero en ese máximo y cambia de signo tan pronto como la corriente del drenador decrece. La carga en el canal de inversión se va a cero e invierte su signo en la medida que los agujeros son acumulados en la interfase.

En todo caso, tales agujeros no pueden contribuir a la corriente del drenador debido al diodo p-n polarizado en inverso entre el drenador y el bloque sustrato, bloqueando cualquier flujo de agujeros en el drenador. A pesar de esto la corriente alcanza su máximo valor y mantiene ese valor para voltajes drenador-fuente superiores. Una capa de empobrecimiento localizada al final del drenador acomoda el voltaje drenador-fuente adicional.

La saturación de la corriente de drenador entonces ocurre cuando el voltaje drenador-fuente iguala el voltaje puerta-drenador menos el voltaje umbral. El valor de saturación de la corriente de drenador, $I_{D,sat}$, está dada por la siguiente ecuación:

$$I_{D,sat} = \mu C_{ox}\frac{W}{L}\frac{(Vgs - Vt)^2}{2}; para\, V_{DS} > V_{GS} - V_T \quad (10)$$

El modelo cuadrático explica la característica corriente-voltaje típica de un MOSFET, el cual mapea normalmente diferentes voltajes puerta-fuente. La saturación ocurre a la derecha de la línea segmentada, que es dada por la ecuación $I_D = \mu C_{ox}\, W/L\, V_{DS}^2$

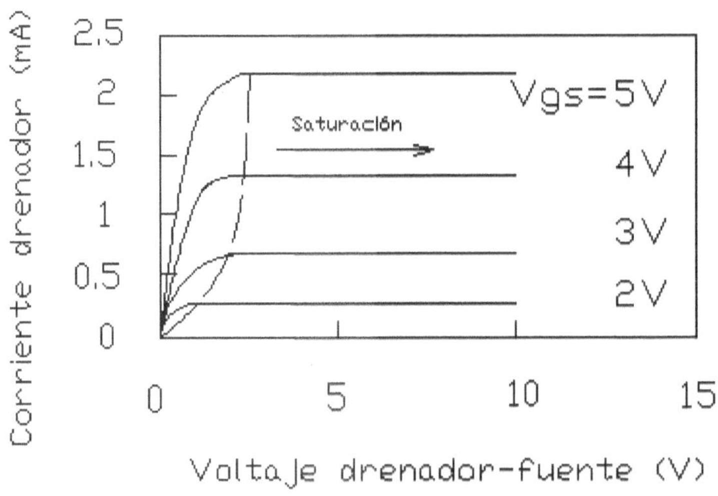

Figura 18. Características de corriente-voltaje de un MOSFET tipo n, tal como se obtiene con el modelo cuadrático.

La corriente del drenador es cero si el voltaje de puerta es menor que el voltaje umbral.

$$I_D = 0; para\ V_{GS} < V_T \quad (11)$$

Para voltaje de drenador-fuente negativos, el transistor está en el régimen cuadrático y es descrito por la ecuación 9. En todo caso es posible polarizar de forma directa la unión p-n drenador-bulk. Un modelo de circuito completo debería entonces incluir los diodos p-n entre la fuente, el drenador y el sustrato.

Ahora se usará el modelo cuadrático para calcular algunos parámetros de pequeña señal, llamado transconductancia, g_m y la conductancia de salida, g_d.

La transconductancia cuantifica la variación de la corriente del drenador con una variación del voltaje puerta-fuente mientras se mantiene constante el voltaje drenador-fuente, o:

$$g_m \overset{\Delta}{=} \frac{\partial I_D}{\partial V_{GS}}; evaluado\ entre\ V_{DS} \quad (12)$$

La transconductancia en la región cuadrática está dada por:

$$g_{m,quad} = \mu\, C_{ox} \frac{W}{L} V_{DS} \quad (13)$$

La cual es proporcional al voltaje drenador-fuente para $V_{DS} < V_{GS} - V_T$. Para la saturación, la transconductancia es constante e igual a:

$$g_{m,sat} = \mu\, C_{ox}\frac{W}{L}(V_{GS} - V_T) \qquad (14)$$

La conductancia de salida cuantifica la variación de la corriente de drenador con una variación del voltaje drenador-fuente mientras mantiene el voltaje puerta-fuente constante, o:

$$g_d \overset{\Delta}{=} \frac{\partial I_D}{\partial V_{DS}}; evaluado\ entre\ V_{GS} \qquad (15)$$

La conductancia de salida en la región cuadrática se decrementa con el incremento del voltaje drenador-fuente:

$$g_{d,quad} = \mu\, C_{ox}\frac{W}{L}(V_{GS} - V_T - V_{DS}) \qquad (16)$$

Y se hace cero en la medida en que el dispositivo es operado en la región de saturación.

$$g_{d,sat} = 0 \qquad (17)$$

3.1.3.- El modelo de capa de empobrecimiento variable

El modelo de capa de empobrecimiento variable incluye la variación de la carga en la capa de empobrecimiento entre la fuente y el drenador. Esta variación es causada por la variación del voltaje a lo largo del canal. La carga en el canal de inversión está dada por:

$$Q_{inv} = -C_{ox}(V_{GS} - V_T); para\ V_{GS} > V_T \quad (18)$$

Donde se incluye la dependencia implícita del voltaje umbral de la carga en la región de empobrecimiento, o:

$$V_T = V_{FB} + V_C + 2_{\phi F} + \frac{\sqrt{2\varepsilon_3 q N_a (2_{\phi F} + V_{SB} + V_C)}}{C_{ox}} \quad (19)$$

El voltaje V_c es la diferencia entre el voltaje en el canal y el voltaje fuente. Ahora se puede aplicar el modelo lineal a una pequeña sección a la distancia y de la fuente y con un grosor dy. El voltaje en ese punto es igual a $V_c + V_s$ mientras el voltaje cerca de esta sección es igual a dVc. Esto resulta en la siguiente para la corriente del drenador.

$$I_D = \mu\, C_{ox} \frac{W}{dy}\left(V_{GS} - V_{FB} - 2_{\phi F} - V_C - \frac{\sqrt{2\varepsilon_3 q N_a (2_{\phi F} + V_{SB} + V_C)}}{C_{ox}} \right) dV_C$$

$$(20)$$

Ambos lados de la ecuación pueden ser integrados de la fuente al drenador con y variando de 0 a la longitud de la puerta, L, y el voltaje V_c variando de 0 al voltaje drenador-fuente V_{DS}. Esto resulta en:

$$\int_0^L I_D \, dy = \mu_n C_{ox} W \int_0^{V_{DS}} \left(V_{GS} - V_{FB} - 2_{\phi F} - V_C \right) dV_C$$
$$- \mu_n W \int_0^{V_{DS}} \sqrt{2\varepsilon_3 q N_a \left(2_{\phi F} + V_{SB} + V_C \right)} \, dV_C \tag{21}$$

La integración conlleva a la siguiente corriente de drenador:

$$I_D = \frac{\mu_n C_{ox} W}{L} \left(V_{GS} - V_{FB} - 2_{\phi F} - \frac{V_{DS}}{2} \right) V_{DS}$$
$$- \frac{2}{3} \mu_n \frac{W}{L} \sqrt{2\varepsilon_3 q N_a} \left(\left(2_{\phi F} + V_{DB} \right)^{3/2} - \left(2_{\phi F} + V_{SB} \right)^{3/2} \right) \tag{22}$$

La característica voltaje-corriente obtenida con la ecuación previa se muestra en la figura 19, junto con la obtenida con el modelo cuadrático. De nuevo, se asume que la corriente en el drenador se satura a su valor máximo debido a que una carga positiva en la capa de inversión no puede existir en una MOSFET tipo *n*. El voltaje al cual la saturación ocurre está dado por:

$$V_{DS,sat} = V_{GS} - V_{FB} - 2_{\phi F} - \frac{q N_a \varepsilon_3}{C^2_{ox}} \left\{ \sqrt{1 + 2\frac{C^2_{ox}}{q N_a \varepsilon_3} \left(V_{GB} - V_{FB} \right)} - 1 \right\} \tag{23}$$

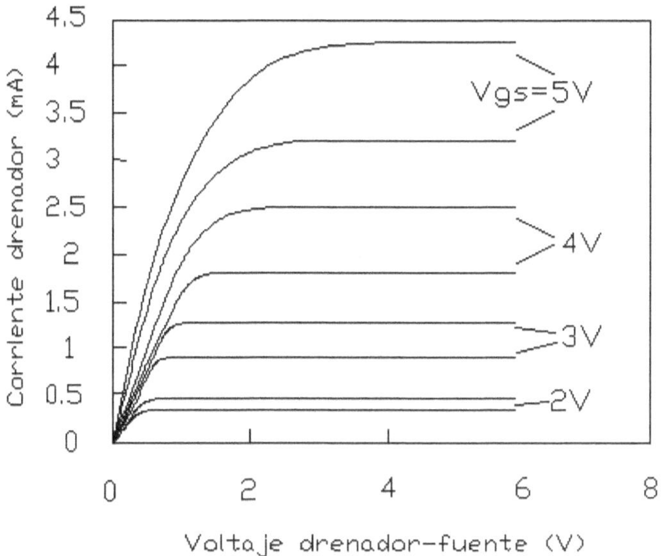

Figura 19. Comparación entre el modelo cuadrático (curvas superiores) y el modelo de capa de empobrecimiento variable (curvas inferiores).

La figura 19 muestra una clara diferencia entre los dos modelos; el modelo cuadrático conlleva a una mayor corriente de drenador comparada con un modelo mas preciso de capa de empobrecimiento variable. La transconductancia está aún dada por la ecuación (24). Esta ecuación combinada con el voltaje de saturación conlleva a:

$$g_{m.sat} = \mu_n C_{ox} \frac{W}{L} \left[V_{GS} - V_{FB} - 2\phi_F - \frac{qN_a\varepsilon_3}{C^2_{ox}} \left\{ \sqrt{1 + 2\frac{C^2_{ox}}{qN_a\varepsilon_3}(V_{GB} - V_{FB})} - 1 \right\} \right] \tag{24}$$

Esta transconductancia es casi linealmente dependiente de V_{GS}, de manera que aún puede ser aún escrita de la forma de la ecuación X con una movilidad limitada µn*:

$$g_{m,sat} = \mu^*{}_n C_{ox} \frac{W}{L} (V_{GS} - V_T) \qquad (25)$$

Donde µn* es:

$$\mu^*{}_n = \mu_n \left[1 - \frac{1}{\sqrt{1 + \dfrac{2(2\phi_F + V_{SB})C^2{}_{ox}}{q N_a \varepsilon_3}}} \right] \qquad (26)$$

El término bajo la raíz cuadrada depende de la capacitancia del óxido con la capacitancia de inversión *onset*. Debido a que esta inversión es mayor que uno en la mayoría de los transistores, la movilidad es modificada desde un 10% a un 40% mas pequeño que la movilidad actual. Esta movilidad efectiva también puede ser usada con el modelo cuadrático, conllevando a un modelo simple pero razonablemente preciso para el MOSFET.

4.- Caracterización de Parámetros

El modelo SPICE de un MOSFET incluye una variedad de elementos circuitales parásitos y algunos parámetros relacionados con el procesamiento en adición a otros elementos. La definición del MOSFET como elemento central de diseño incorpora los parámetros que fueron controlados a fin de optimizar su funcionamiento y garantizar su futura construcción, estos son:

Parámetro	Explicación	Valor
LEVEL	MOS model index number [1.3]	1.000
VTO	Zero-bias threshold voltage	(Variable)
KP	Transconductance parameter	960.0u
GAMMA	Bulk threshold parameter	3.720
PHI	Surface potencial	750.0m
LAMBDA	Channel-length modulation (MOS1..MOS2]	4.000n
RD	Drain ohmic resistance [0,]	21.00
RS	Source ohmic resistance [0,]	21.00
CBD	Zero-bias B-D junction capacitance [0.]	7.950p
CBS	Zero-bias B-S junction capacitance [0.]	9.540p
IS	Bulk junction saturation current	10.0e-15
PB	Bulk junction potential	800.0m
CGSO	Gate-source overlap capacitance [0.]	11.70n
CGDO	Gate-drain overlap capacitance [0,]	9.750n
CGBO	Gate-bulk overlap capacitance [0.]	16.00n
RSH	Drain and source difusion sheet resistance [0,]	0.000
CJ	Zero-bias bulk function bottom capacitance [0,]	0.000
MJ	Bulk function bottom grading coeficient	500.0m
CJSW	Zero-bias bulk junction sidewall capacitance	0.000
MJSW	Bulk Junction sidewall grading coeficient	500.0m
JS	Bulk junction saturation current	0.000
TOX	Oxide thickness [0,]	100.0n

Parameter	Description	Value
NSUB	Substrate doping	0.000
NSS	Surface state density	0.000
NFS	Fast surface state density	0.000
TPG	Gate material 0=All gate [-1=same 1=opposite]	1.000
XJ	Metallurgical junction depth (MOS2.MOS3) [0.]	0.000
LD	Lateral difusion [0.]	0.000
UO	Surface mobility	600.0
UCRIT	Cirtical Field mobility degradation (MOS2)	10.00k
UEXP	Critical Field exp. In mobility degradation (MOS2)	0.000
UTRA	Transverse field coeficient (not for MOS2)	0.000
VMAX	Maximum drift velocity carriers	0.000
NEFF	Total channel-charge coeficient (MOS2)	1.000
KF	Flicker noise coeficient	0.000
AF	Flicker noise exponent	1.000
FC	Foward-bias depletion capacitance coeficient	500.0m
DELTA	Width effect on threshold voltage (MOS2,MOS3)	0.000
THETA	Mobility modulation [MOS3]	0.000
ETA	Static feedback [MOS3]	0.000
KAPPA	Saturation field Factor [MOS3]	200.0m
TNOM	Parameter measurement temperature	27.00

El modelo utilizado para definir el MOSFET es el lineal (LEVEL = 1.000) ya que las compuertas a diseñar involucran un pequeño voltaje de drenador-fuente y es el ideal para ser utilizado como suiche. El VTO o voltaje umbral depende del tipo de MOSFET implementado, esto es, +3.3V para los transistores de enriquecimiento canal *n* y de empobrecimiento canal *p*. Para los transistores de enriquecimiento canal *p* y de empobrecimiento canal *n* el voltaje utilizado es de –3.3V.

Las resistencias óhmicas del drenador y fuente se ajustaron a 21 Ω puesto que este es el valor típico en los componentes comerciales. De forma similar se ajustaron los valores de las capacitancias de solapamiento entre puerta-fuente (CGSO), puerta-drenador (CGDO) y puerta-substrato (CGBO).

La temperatura de trabajo fue ajustada a 27°C, la cual es estándar para este tipo de simulaciones.

5.- Diseño de las compuertas ternarias

Una puerta lógica, o compuerta lógica, es un dispositivo que es la expresión física de un operador en la lógica de conmutación. Cada puerta lógica consiste en una red de dispositivos interruptores que cumple las condiciones necesarias para el operador particular.

5.1.- Compuerta Inversor

El *Inversor* ternario está compuesto de cuatro (4) transistores tipo MOS conectados como se muestra en la figura 20. La fuente de el transistor canal p de tipo enriquecimiento (Q_1) es conectada a 3.3V y la fuente de el transistor canal n de tipo enriquecimiento (Q_2) es conectada a -3.3V. Los drenadores de estos transistores se conectan uno con el otro y constituyen la salida de la compuerta, la cual también es conectada al drenador de un transistor de empobrecimiento canal *p* (Q_3). La fuente del transistor Q_3 es conectada al drenador de un transistor de enriquecimiento de canal *n* (Q_4) cuya fuente es conectada a tierra. Las puertas de los cuatro (4) transistores están conectadas juntas en la entrada X.

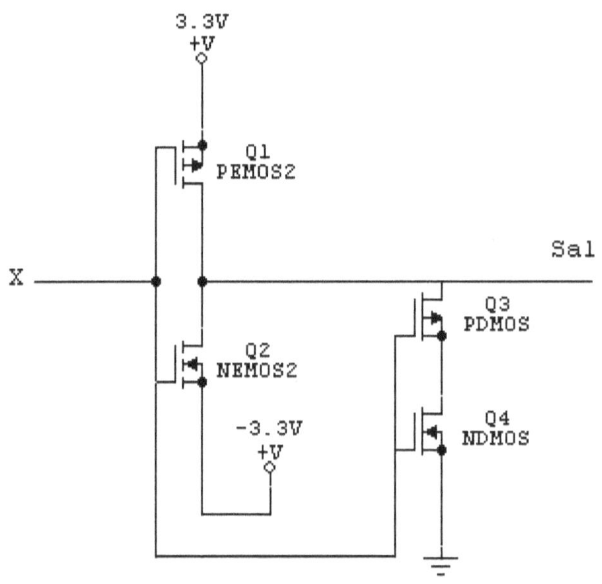

Figura 20. Circuito INVERSOR ternario.

El funcionamiento es el siguiente:

- Si la entrada X se encuentra a nivel alto (2 lógico) e transistor Q_1se coloca en apagado mientras que el transisto Q_2 se encuentra encendido. Al mismo tiempo el transistor Q se coloca en apagado mientras que el transistor Q_4 se coloc en encendido. Todo esto conlleva a que la salida de la compuerta sea de –3.3V (0 lógico).

- Si la entrada X se encuentra a nivel medio (1 lógico) los transistores Q_1 y Q_2 se colocan en apagado mientras que los transistores Q_3 y Q_4 se colocan en encendido. Todo esto conlleva a que la salida de la compuerta sea de 0V (1 lógico).

- Si la entrada X se encuentra a nivel bajo (0 lógico) el transistor Q_1se coloca en encendido mientras que el transistor Q_2 se encuentra apagado. Al mismo tiempo el transistor Q_3 se coloca en apagado mientras que el transistor Q_4 se coloca en encendido. Todo esto conlleva a que la salida de la compuerta sea de +3.3V (0 lógico).

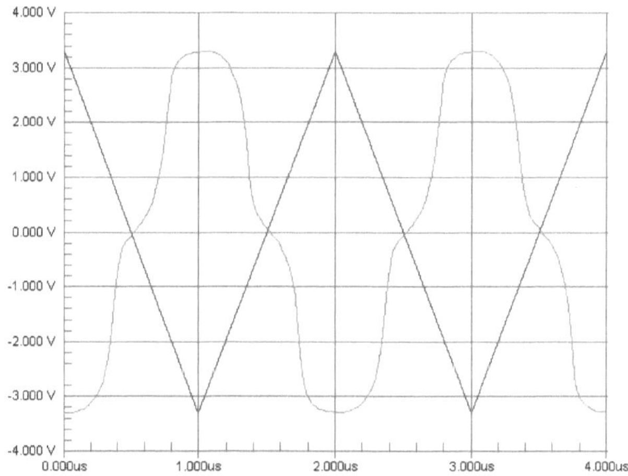

Figura 21. Respuesta en frecuencia (10 Mhz.) para el INVERSOR ternario, con entrada tipo rampa.

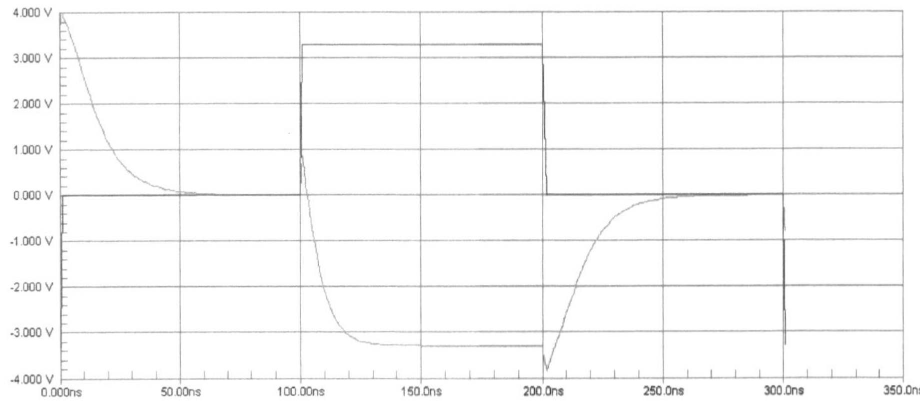

Figura 22. Respuesta en frecuencia (10 Mhz.) para el INVERSOR ternario, con entrada tipo escalón ternario.

Para este circuito los parámetros resultantes son:

Consumo de potencia @ 10Mhz	Rise Time			Fall Time		
	-3.3V a 0V	0V a 3.3V	-3.3V a 3.3V	3.3V a 0V	0V a -3.3V	3.3V a –3.3V
≅5.6 mW	34 ns	24 ns	29 ns	34 ns	18 ns	24 ns

5.2.- Compuerta Subir

La compuerta ternaria *Subir* está compuesta de cuatro (4) transistores tipo MOS conectados como se muestra en la figura 23. La fuente del transistor canal *p* de tipo enriquecimiento (Q_1) es conectada a +3.3V y el drenador es conectada al drenador de un transistor de enriquecimiento canal *n* (Q_2). Este punto común entre drenadores constituyen la entrada de puerta de los transistores Q_3 y Q_4. La fuente del transistor canal *p* de tipo enriquecimiento (Q_3) es conectado a +3.3V y el drenador de éste a su vez se conecta al drenador de un transistor de empobrecimiento de canal n (Q_4) cuya fuente es conectada a tierra. La unión de los drenadores de los transistores Q_3 y Q_4 constituyen la salida de la compuerta.

Es interesante resaltar que el transistor denominado PEMOS2B es un transistor tipo MOSFET de enriquecimiento canal p, con un voltaje umbral de -1.65V, mientras que el transistor denominado NEMOS2B es un transistor tipo MOSFET de enriquecimiento canal n, con un voltaje umbral de 1.65V.

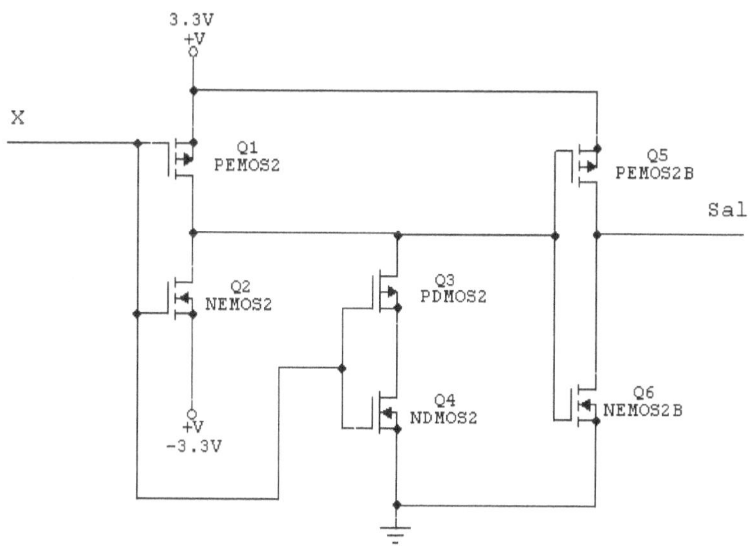

Figura 23. Circuito SUBIR ternario.

El funcionamiento es el siguiente:

- Si la entrada X se encuentra a nivel alto (2 lógico) el transistor Q_1 se coloca en apagado mientras que el transistor Q_2 se encuentra encendido. Al mismo tiempo los transistores Q_3 y Q_6 se colocan en apagado mientras que Q_4 y Q_5 se colocan en encendido. Todo esto conlleva a que la salida de la compuerta sea de 3.3V (2 lógico).

- Si la entrada X se encuentra a nivel medio (1 lógico) los transistores Q_1, Q_2 y Q_6 se colocan en apagado mientras que los transistores Q_3, Q_4 y Q_5 se colocan en encendido. Todo esto conlleva a que la salida de la compuerta sea de 3.3V (2 lógico).

- Si la entrada X se encuentra a nivel bajo (0 lógico) los transistores Q_2, Q_4 y Q_5 se colocan en apagado mientras que los transistores Q_1, Q_3 y Q_6 se colocan en encendido. Todo esto conlleva a que la salida de la compuerta sea de 0V (1 lógico).

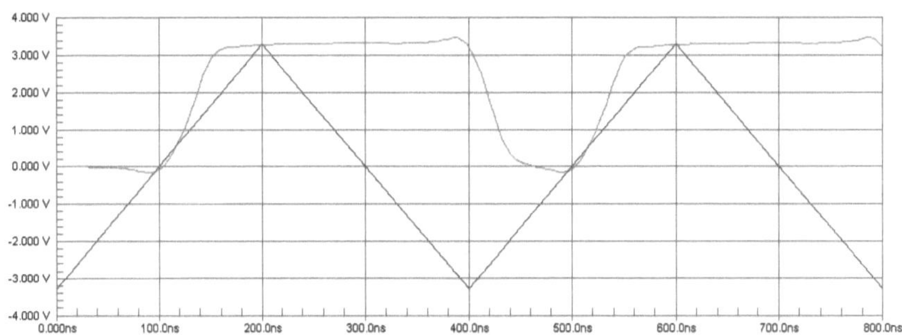

Figura 24. Respuesta en frecuencia (5 Mhz.) para el SUBIR ternario, con entrada tipo rampa.

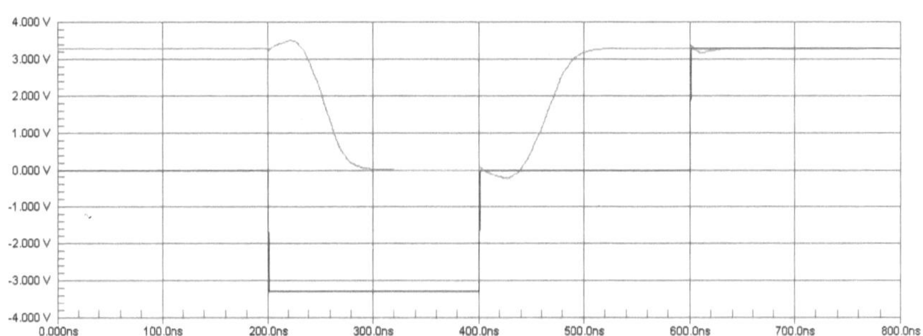

Figura 25. Respuesta en frecuencia (5 Mhz.) para el SUBIR ternario, con entrada tipo escalón ternario.

Para este circuito los parámetros resultantes son:

Consumo de potencia @ 5Mhz	Rise Time			Fall Time		
	-3.3V a 0V	0V a 3.3V	-3.3V a 3.3V	3.3V a 0V	0V a -3.3V	3.3V a -3.3V
≅4 mW	NA	78 ns	NA	78 ns	NA	NA

NA: No Aplica

5.3.- Compuerta Bajar

El *Inversor* ternario está compuesto de seis (6) transistores tipo MOS conectados como se muestra en la figura 26. La fuente de un transistor canal p de tipo enriquecimiento (Q_1) es conectada a

+3.3V y la fuente de el transistor canal n de tipo enriquecimiento (Q_2) es conectada a -3.3V. Los drenadores de estos transistores se conectan uno con el otro y constituyen la entrada de puerta de los transistores Q_5 y Q_6, la cual también es conectada al drenador de un transistor de empobrecimiento canal p (Q_3). La fuente del transistor Q_3 es conectada al drenador de un transistor de enriquecimiento de canal n (Q_4) cuya fuente es conectada a tierra. Las puertas de los transistores Q_1 a Q_4 están conectadas juntas en la entrada X. El transistor Q_5 es del tipo enriquecimiento canal p y su fuente está conectada a tierra mientras que su drenador es conectado al drenador del transistor Q_6 y constituye la salida de la compuerta. La fuente de este último transistor está conectada a – 3.3V.

Es interesante resaltar que el transistor denominado PEMOS2B es un transistor tipo MOSFET de enriquecimiento canal p, con un voltaje umbral de -1.65V, mientras que el transistor denominado NEMOS2B es un transistor tipo MOSFET de enriquecimiento canal n, con un voltaje umbral de 1.65V.

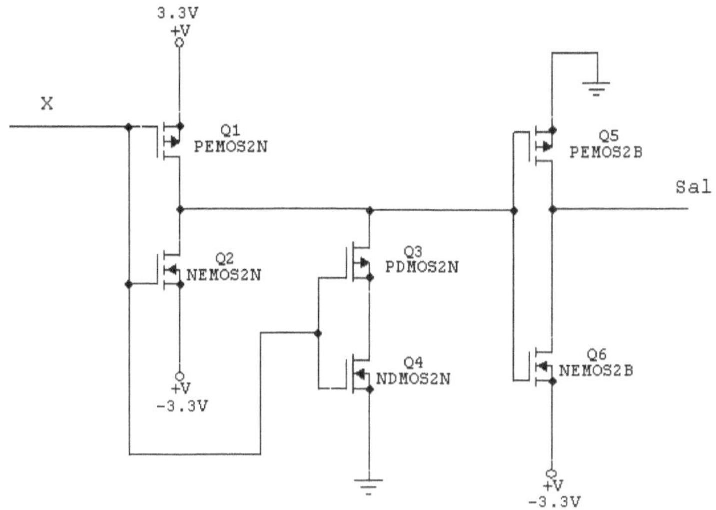

Figura 26. Circuito BAJAR ternario.

El funcionamiento es el siguiente:

- Si la entrada X se encuentra a nivel alto (2 lógico) el transistor Q_1 se coloca en apagado mientras que el transistor Q_2 se encuentra encendido. Al mismo tiempo los transistores Q_3 y Q_6 se colocan en apagado mientras que Q_4 y Q_5 se colocan en encendido. Todo esto conlleva a que la salida de la compuerta sea de 0V (1 lógico).

- Si la entrada X se encuentra a nivel medio (1 lógico) los transistores Q_1, Q_2 y Q_5 se colocan en apagado mientras que los transistores Q_3, Q_4 y Q_6 se colocan en encendido. Todo esto conlleva a que la salida de la compuerta sea de –3.3V (0 lógico).

- Si la entrada X se encuentra a nivel bajo (0 lógico) los transistores Q_2, Q_4 y Q_5 se colocan en apagado mientras que los transistores Q_1, Q_3 y Q_6 se colocan en encendido. Todo esto conlleva a que la salida de la compuerta sea de –3.3V (0 lógico).

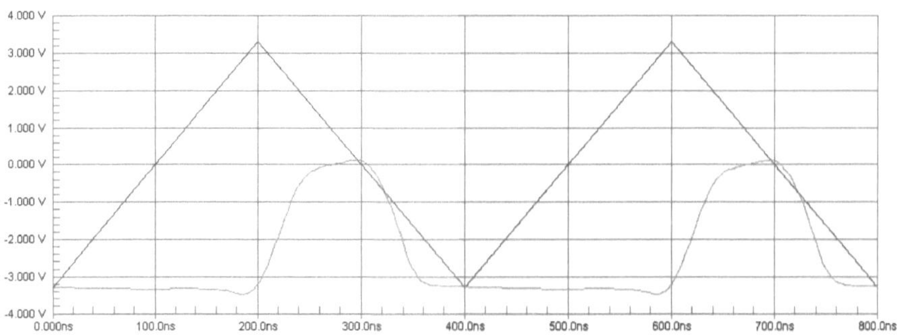

Figura 27. Respuesta en frecuencia (5 Mhz.) para el BAJAR ternario, con entrada tipo rampa.

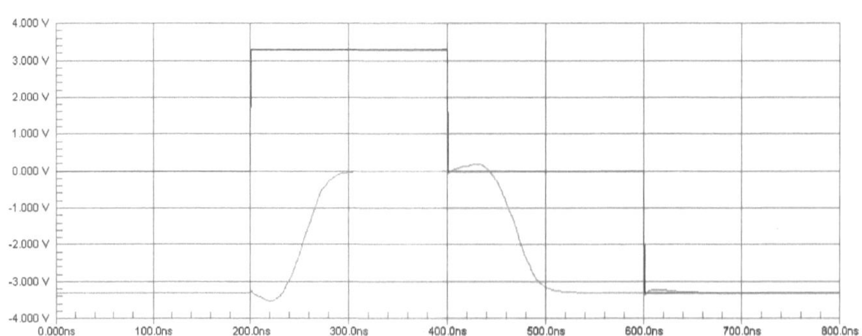

Figura 28. Respuesta en frecuencia (5 Mhz.) para el BAJAR ternario, con entrada tipo escalón ternario.

Para este circuito los parámetros resultantes son:

Consumo de potencia @ 5Mhz	Rise Time			Fall Time		
	-3.3V a 0V	0V a 3.3V	-3.3V a 3.3V	3.3V a 0V	0V a -3.3V	3.3V a -3.3V
≅4 mW	80 ns	NA	NA	92 ns	NA	NA

NA: No Aplica

5.4.- Compuerta Rotar hacia Arriba

La compuerta ternaria Rotar hacia Arriba está compuesta de seis (6) transistores tipo MOS conectados como se muestra en la figura 29. La fuente de el transistor canal p de tipo empobrecimiento (Q_1) es conectada a 3.3V y el drenador está conectado al drenador del transistor canal n de tipo enriquecimiento, lo que al mismo tiempo constituye la entrada de puerta del transistor Q_3 canal n de empobrecimiento.

La fuente del drenador Q_2 está conectada a tierra. La fuente del transistor Q_3 está conectada a 3.3V y su drenador conecta con la fuente canal p de empobrecimiento Q_4, el drenador de éste último constituye la salida de la compuerta y se encuentra conectado con un transistor canal n de empobrecimiento Q_5, cuya fuente está conectada a −3.3V. El drenador del transistor Q_6 está conectado con la salida y la fuente conectada a tierra.

Es de notar que las puertas de los transistores Q_1, Q_2, Q_4 y Q_5 están conectadas juntas en la entrada X, mientras que las de los transistores Q_3 y Q_6 están conectadas juntas entre los drenadores de los transistores Q_1 y Q_2.

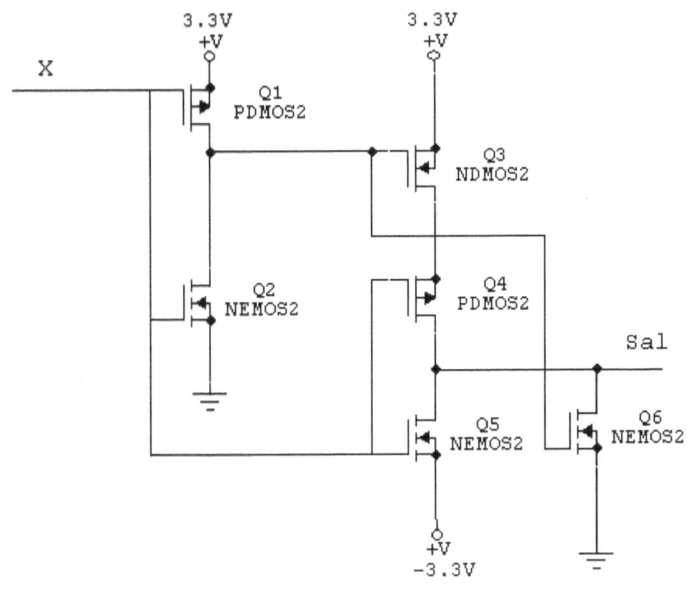

Figura 29. Circuito Rotar hacia Arriba ternario.

El funcionamiento es el siguiente:

- Si la entrada X se encuentra a nivel alto (2 lógico) e transistor Q_1 se coloca en apagado y el transistor Q_2 er encendido, esto hace que el transistor Q_6 se coloque er encendido conllevando a que la salida de la compuerta se de -3.3V (0 lógico) ya que el resto de los transistores se coloquen en apagado.

- Si la entrada X se encuentra a nivel medio (1 lógico) el transistor Q_1 se coloca en apagado mientras que el transistor Q_2 se coloca en encendido, esto hace que el transistor Q_3 se coloque en encendido al igual que el transistor Q_4 tanto el transistor Q_5 como Q_6 se colocan en apagado. Todo esto conlleva a que la salida de la compuerta sea de 3.3V (2 lógico).

- Si la entrada X se encuentra a nivel bajo (0 lógico) el transistor Q_1 se coloca en apagado mientras que el transistor Q_2 se coloca en encendido, esto hace que el transistor Q_3 se coloque en encendido mientras que el transistor Q_4 se coloca en apagado al igual que el transistor Q_5. El transistor Q_6 se coloca en encendido. Todo esto conlleva a que la salida de la compuerta sea de 0V (1 lógico).

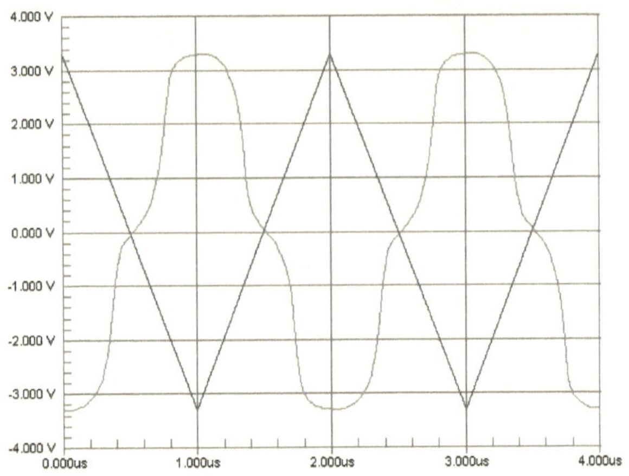

Figura 30. Respuesta en frecuencia (1 Mhz.) para ROTAR HACIA ARRIBA ternario, con entrada tipo rampa.

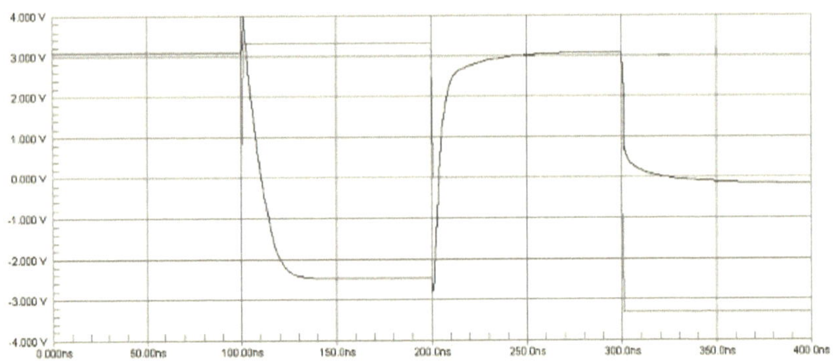

Figura 31. Respuesta en frecuencia (10 Mhz.) para el ROTAR HACIA ARRIBA ternario, con entrada tipo escalón ternario.

Para este circuito los parámetros resultantes son:

Consumo de potencia	Rise Time			Fall Time		
	-3.3V a 0V	0V a 3.3V	-3.3V a 3.3V	3.3V a 0V	0V a -3.3V	3.3V a –3.3V
	27 ns	32 ns	32 ns	28 ns	34 ns	32 ns

5.5.- Compuerta Rotar hacia Abajo

La compuerta ternaria Rotar hacia Abajo está compuesta de seis (6) transistores tipo MOS conectados como se muestra en la figura 32. La fuente de el transistor canal p de tipo empobrecimiento Q_1 es conectado a 3.3V y el drenador está conectado al drenador del transistor canal n de tipo enriquecimiento, lo que al mismo tiempo constituye la entrada de puerta de los transistores Q_5 y Q_6.

La fuente del drenador Q_2 está conectado a tierra. La fuente del transistor Q_5 está conectada a 3.3V y su drenador conecta con la fuente canal p de empobrecimiento Q_6, el drenador de éste último constituye la salida de la compuerta y se encuentra conectado con un transistor canal n de empobrecimiento Q_5, cuya fuente está conectada a –3.3V. El drenador del transistor Q_{10} está conectado con la salida y la fuente conectada a tierra. Esta misma salida está conectada al transistor Q_9 cuya fuente está conectada a –3.3V.

Es de notar que las puertas de los transistores Q_1 y Q_2 están conectadas juntas en la entrada X.

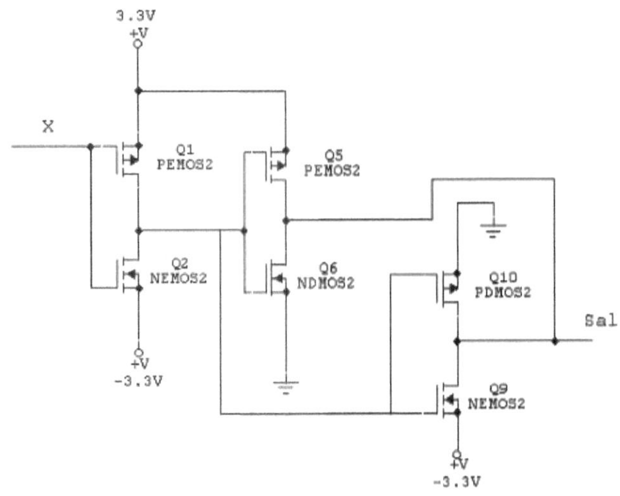

Figura 32. Circuito Rotar hacia Abajo ternario.

El funcionamiento es el siguiente:

- Si la entrada X se encuentra a nivel alto (2 lógico) el transistor Q_1 se coloca en apagado y el transistor Q_2 en encendido, esto hace que los transistores Q_5 y Q_{10} se coloque en encendido conllevando a que la salida de la compuerta sea de 0V (1 lógico) ya que el resto de los transistores se coloquen en apagado.

- Si la entrada X se encuentra a nivel medio (1 lógico) el transistor Q_1 se coloca en apagado mientras que el transistor Q_2 se coloca en encendido al igual que los transistores Q_9 y Q_5 tanto que los transistores Q_5 como Q_{10} se colocan en apagado. Todo esto conlleva a que la salida de la compuerta sea de -3.3V (0 lógico).

- Si la entrada X se encuentra a nivel bajo (0 lógico) el transistor Q_1 se coloca en apagado mientras que el transistor Q_5 se coloca en encendido, haciendo que el resto de los transistores se coloquen en apagado. Todo esto conlleva a que la salida de la compuerta sea de 3.3V (2 lógico).

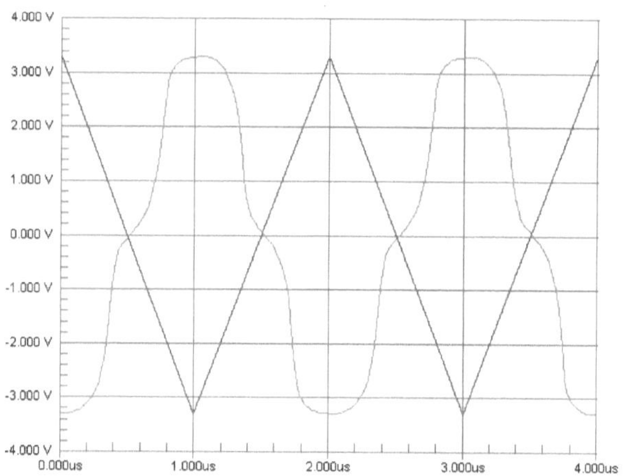

Figura 33. Respuesta en frecuencia (1 Mhz.) para ROTAR HACIA ABAJO ternario, con entrada tipo rampa.

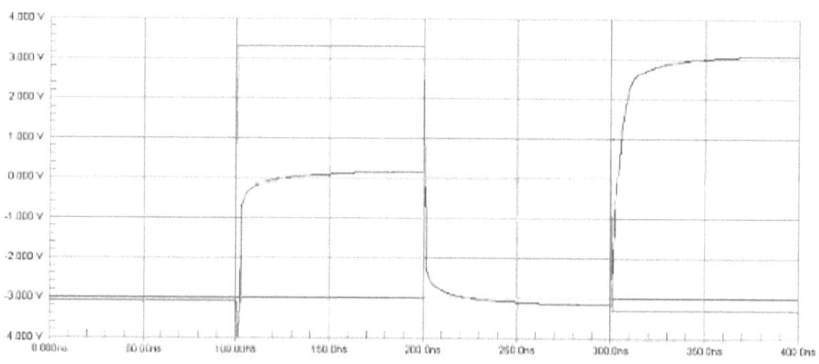

Figura 34. Respuesta en frecuencia (10 Mhz.) para el ROTAR HACIA ABAJO ternario, con entrada tipo escalón ternario.

Para este circuito los parámetros resultantes son:

Consumo de potencia	Rise Time			Fall Time		
	-3.3V a 0V	0V a 3.3V	-3.3V a 3.3V	3.3V a 0V	0V a -3.3V	3.3V a –3.3V
	33 ns	26 ns	30 ns	22 ns	31 ns	29 ns

6.- Tipos de Procesamiento

En la fabricación de dispositivos semiconductores, los pasos de procesamiento son diversos y se dividen en cuatro categorías generales: deposición, retiro, máscara, y modificación de las propiedades eléctricas de los materiales involucrados.

Los chips se construyen en capas sobre una oblea de silicio a través de diversos procesos utilizando productos químicos, gases, y la luz. La oblea de silicio es cortada de un lingote de silicio puro. El silicio es el principal ingrediente de la arena de la playa y es un semiconductor de la electricidad. Los semiconductores son materiales que pueden ser modificados para ser un conductor o un aislante.

La primera capa de dióxido de silicio se produce sobre la oblea debido a la exposición a calor extremo y el gas. Este crecimiento es similar a la forma en que el óxido se forma sobre e metal cuando éste último se expone al agua. El dióxido de silicio en la oblea, sin embargo, crece mucho más rápido y es demasiado delgado para ser visto a simple vista.

La oblea es recubierta con una sustancia llamada fotorresistencia. Dicha fotorresistencia se convierte en soluble cuando se expone a la luz ultravioleta.

En un proceso denominado fotolitografía, la luz ultravioleta se transmite luego a través de un modelo de máscara, o estarcido, en la oblea de silicio. La máscara protege partes de la oblea de la luz. La fotorresistencia se hace semi líquida en las zonas expuestas a la luz. Es importante destacar que cada capa en el diseño utiliza una máscara con un patrón diferente.

La fotorresistencia diluida es totalmente removida por un disolvente. Esto revela el patrón de fotorresistencia establecido por la máscara sobre el dióxido de silicio.

La capa de dióxido de silicio expuesta se remueve con productos químicos. El resto de la fotorresistencia se elimina. Este proceso deja protuberancias de dióxido de silicio sobre la base de la oblea de silicio. Para empezar otra capa, una segunda capa más delgada de dióxido de silicio crece a lo largo de las protuberancias y zonas expuestas de la oblea

A continuación, una capa de polisilicio y otra capa de fotorresistencia se aplican. La luz ultravioleta se transmite luego a través de una segunda máscara, de manera de realizar la exposición de un nuevo patrón sobre la nueva capa de fotorresistencia aplicada

La fotorresistencia se disuelve con disolvente para exponer el polisilicio y dióxido de silicio, que luego se retira con productos químicos. El resto de la fotorresistencia se retira, conservando las protuberancias de polisilicio y dióxido de silicio.

A través de un proceso llamado implantación iónica (también llamado dopaje), las áreas expuestas de la oblea de silicio son bombardeados con diversos productos químicos impurificados llamados iones. Los iones son implantados en la oblea de silicio para modificar la forma en que el silicio conduce la electricidad.

Este proceso se repite tantas veces como sea necesario creando ventanas necesarias para las conexiones entre las diferentes capas, el número exacto de capas sobre una oblea depende del diseño del microprocesador. Sobre la oblea se depositan átomos de metal, llenando las ventanas. Otro proceso de enmascaramiento y remoción de la fotorresistencia construye tiras de metal que realizan las conexiones eléctricas.

Una vez terminada el circuito sobre la oblea, los microscópicos circuitos se prueban. Entonces, la oblea se corta con una sierra de diamante para proceder finalmente al empaquetamiento final

Cada circuito se inserta en un paquete de protección que le permite conectarse a otros dispositivos. El tipo de paquete depende del tipo de circuito y la forma en que se utilizará. Cada circuito se prueba una vez más y finalmente los circuitos están ahora listos para ser utilizados.

6.1.- Procesamiento de Frente Plano

El procesamiento de frente plano se refiere a la formación de los transistores directamente en el silicio. Las obleas crudas están diseñadas para el crecimiento de una capa de silicio ultra pura, prácticamente libre de defectos a través de el crecimiento epitaxial. En los dispositivos lógicos más avanzados, antes del crecimiento epitaxial del silicio, se llevan a cabo ciertos trucos para mejorar el rendimiento de los transistores que se construirán.

6.2.- Dióxido de Silicio

El procesamiento de frente plano realizado previamente es seguido por: el crecimiento de la puerta dieléctrica, tradicionalmente de dióxido de silicio (SiO_2), realizando el patrón de la puerta, el patrón de la fuente y las regiones de drenador, y la posterior implantación o difusión de dopantes para obtener las deseadas propiedades eléctricas complementarias. Los dispositivos de memoria, células de almacenamiento, condensadores convencionales, son fabricados en este momento ya sea en la superficie del silicio o apiladas por encima del transistor.

6.3.- Capas de Metal

Una vez que los distintos dispositivos semiconductores se han creado deben estar interconectadas para formar los circuitos eléctricos. Este último paso implica la creación de los cables de interconexión de metal, que están aisladas por aislantes dieléctricos. El material aislante ha sido tradicionalmente una forma de SiO_2 o un vidrio de silicato, pero recientemente están siendo utilizados nuevos materiales dieléctricos de baja constante. Estos dieléctricos actualmente adoptan la forma de SiOC y tienen constantes dieléctricas alrededor de 2,7 (frente al 3,9 de SiO_2), aunque con materiales con constantes tan bajas como 2.2 están siendo ofrecidos a los fabricantes de chips.

6.4.- Interconexiones

Históricamente, los alambres de metal fueron fabricados con aluminio. En este procedimiento para el cableado a menudo llamado "sustracción de aluminio", se depositan películas de aluminio en primer lugar, modeladas y, a continuación, limpiadas dejando cables aislados. El material dieléctrico se deposita sobre los cables expuestos. Las distintas capas metálicas están interconectadas por los agujeros de grabado, llamados "vías", en el material aislante, seguidamente se deposita tungsteno en una técnica llamada CVD. Este procedimiento es usado en la fabricación de muchos chips de memoria dinámica, como memoria de acceso aleatorio (DRAM) donde el número de niveles de interconexión es pequeño, normalmente no más de cuatro interconexiones

Más recientemente, como el número de niveles de interconexión de la lógica ha aumentado sustancialmente debido al gran número de transistores que se encuentran interconectadas, el retraso de tiempo en el cableado es significativo, impulsando un cambio en el cableado de material de aluminio hacia el cobre y de los dióxidos de silicio a nuevos materiales llamados HIGH-K.

7.- Prueba de la Oblea de Silicio

La naturaleza altamente serializada de las obleas de silicio ha incrementado la demanda de la metrología en entre los diversos pasos de procesamiento. Los equipos de prueba de metrología se utilizan para verificar que las obleas se encuentran en óptimo estado y no han sido dañadas por los pasos de procesamiento anterior. Si el número de circuitos integrados sobre una oblea que eventualmente se convertirán en chips no supera un umbral predeterminado, se desecha la oblea en lugar de invertir en la continuación del proceso.

Una vez que el proceso de frente plano se ha completado, los dispositivos semiconductores son sometidos a una variedad de pruebas eléctricas para determinar si funcionan correctamente.

Se prueban los chips en la oblea con un probador electrónico que presiona diminutas sondas contra el chip. La máquina marca cada chip dañado con una gota de colorante. Los chips son a menudo diseñados con auto características de comprobabilidad de manera de reducir los costos de las pruebas.

Una vez que la prueba, la oblea se almacena y luego divide en chips individuales. Sólo los chips correctos (sin marcar) se empacan.

8.- Empaquetamiento

Los chips son montados sobre empaques plásticos o cerámicos que conectan las patillas a los contactos del chip y luego es cerrado, para esto se conectan diminutos cables. En los viejos tiempos, los cables se conectaban a mano, pero ahora la tarea se realiza con máquinas diseñadas para tal fin. Tradicionalmente, los cables a los chips eran de oro, lo que lleva a un marco de cobre.

Los chips son empaquetados y vueltos a probar para asegurarse de que no se dañaron durante el empaquetado y que la operación de conexión de las patillas se realizó correctamente. Un láser graba el nombre del chip y los números sobre el empaque.

9.- Bibliografía

H. T. Mouftah, L B. (May 1974) Jordan, "Integrated circuits for ternary logic," in *Proc. ISMVL- 74* (Morgantown), pp. 285-302.

ALARCÓN, JUAN; BLANCO, ANTONIO (2000) "PSPICE", *Editorial Mc Graw Hill*, Xochimilco (México) primera edición.

www.en.wikipedia.com página web consultada el 10 de octubre de 2008

ARQUITECTURA DE LA MÁQUINA ALGORÍTMICA

1.- Introducción

Una vez que la lógica a utilizar ha sido completamente definida, es el momento de estructurar una unidad de proceso que pueda trabajar en función de una secuencia preprogramada gobernada por una unidad de control. Basándose en los requerimientos de las máquinas algorítmicas binarias, esta debe:

1.- Poseer una sección de cálculo, la cual sea capaz de procesar tanto operaciones lógicas como aritméticas, con operandos tomados de la memoria de datos.

2.- Poseer una unidad de control, la cual pueda secuenciar un programa previamente almacenado, interpretarlo y elegir o no entre diferentes alternativas posibles de los resultados de los cálculos.

3.- Contar con un medio de salida, gracias al cual pueda proporcionarse al usuario el resultado del proceso.

4.- Contar con un medio de entrada a través del cual el usuario tenga la capacidad de introducir datos para ser tomados en cuenta en el proceso.

5.- Poseer una forma de almacenamiento, tanto para el programa a ejecutar como para el almacenamiento de los datos intermedios y finales, pudiéndose introducir en cualquier orden deseado.

La naturaleza exacta de los componentes que constituyen la máquina según las secciones precedentes puede variar bastante, y dichas secciones pueden superponerse o compartir componentes, pero todas deben de alguna manera coexistir en conjunto.

2. Arquitectura general

La lógica multivaluada siempre ha atraído la atención de los diseñadores de sistemas lógicos y digitales. Estos sistemas han sido explorados durante los últimos veinte años, pero siempre los diseños se realizan a conveniencia y de acuerdo a la experiencia del diseñador.

A partir de este momento, es importante enmarcar los diferentes parámetros del sistema a proponer. Lo primero (y que mejor define a la máquina algorítmica) es el tamaño de los buses que es capaz de manejar, sin embargo, la tarea de expresar la longitud de la palabra a manejar es actualmente mucho mas complicada de lo que solía ser, ya que las máquinas modernas trabajan con mas de una longitud de palabra. La máquina a diseñar, puede decirse que es "pura" de 8 trits, nuevamente por simplicidad, pudiendo direccionar memoria de programa y de usuario, así como un puerto de entrada y uno de salida. Es capaz de direccionar hasta $3^6 = 729$ localidades de memoria de programa que, para los fines propuestos, es mas que suficiente.

También se considera un registro acumulador, el cual sirve para almacenar los datos intermedios, de manera de volver a utilizarlo en una instrucción siguiente, estando constituido por ocho flip-flops ternarios (triflop). Para este diseño no se implementarán los llamados a subrutinas ya que, aunque potencia de gran manera el procesamiento hace excesivo tanto el estudio como el diseño final.

3. Unidad de proceso

La unidad de proceso (ver figura 36) consta en primer lugar que una unidad aritmética y lógica (UAL), la cual es un circuito combinacional que puede realizar un número dado de operaciones lógicas y aritméticas diferentes, con un par de operandos; en segundo lugar, precisa de señales de control, así como una forma de obtener las entradas de datos. Se plantea una unidad de proceso simple, capaz de ejecutar ambos tipos de operaciones.

La unidad de proceso puede ser diseñada de maneras distintas, sin embargo, ya que la premisa es la de utilizar la menor cantidad de circuitos posibles, se plantea la arquitectura mostrada con bus de 8 trits, la cual es capaz de implementar un procesamiento, de acuerdo con las operaciones listadas en la sección X. En este caso la señal *Select* define la acción a ejecutar sobre la unidad aritmético lógica (UAL), de acuerdo a la codificación mostrada en la tabla 17; el resultado de este procesamiento puede ser almacenado de forma temporal en el registro octal *Acc* (Acumulador), a través de la señal *WRacc* de captura, quedando a su vez disponible para ser usado nuevamente como operando de la UAL en el siguiente ciclo de trabajo.

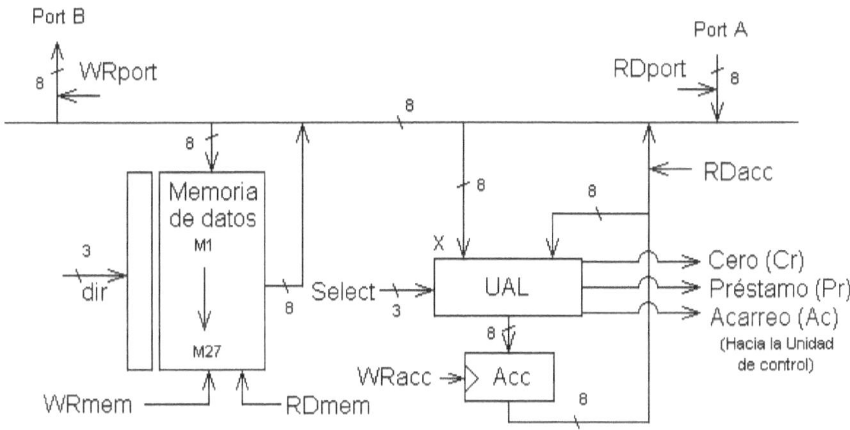

Figura 36. Unidad de proceso de 8 trits.

Las operaciones aritméticas suponen un interés especial, puesto que hasta este punto no se ha tratado lo referente al circuito umador, cuyo comportamiento se muestra en la tabla N° X. Este dispositivo genera de manera simultánea el correspondiente trit de acarreo (Ac=2 cuando hay acarreo Ac=0 en caso contario) y de réstamo (Pr=2 cuando lo hay, Pr=0 en caso contrario); estos se almacenan en un triflop octal, gracias al uso de un acumulador. La bandera de Cero tiene un valor lógico de Cr=2 cuando la salida del acumulador es cero y Cr=0 en caso contrario, permaneciendo estos tres disponibles tanto tiempo como lo esté el dato en el registro acumulador.

Tabla 17. Codificación de instrucciones.

Transferencia Funcional	Código (Select)	USO
Acc = Acc + X	000	Suma el contenido del acumulador con el dato presente en la entrada X
Acc = Acc - X	001	Resta el contenido del acumulador con el dato presente en la entrada X
Acc = Acc + 1	002	Suma uno al contenido del acumulador
Acc = Acc - 1	010	Resta uno al contenido del acumulador
Acc = 0	011	Limpia el acumulador
Acc = X	012	Hace el acumulador igual al dato presente en la entrada X
Acc = rotarder(X)	020	Desplaza los trits a la derecha y sustituye el trit menos significativo por el acumulador
Acc = rotarizq(X)	021	Desplaza los trits a la izquierda y sustituye el trit más significativo por el acumulador
Acc = INV(X)	022	Invierte el dato presente en la entrada X
Acc = rotararr(X)	100	Rota hacia arriba el dato presente en la entrada X
Acc = rotaraba(X)	101	Rota hacia abajo el dato presente en la entrada X
Acc = SUB(X)	102	Sube el dato presente en la entrada X
Acc = BAJ(X)	110	Baja el dato presente en la entrada X
Acc = MIN(X,Acc)	111	Opera el mínimo entre el contenido del acumulador y el dato presente en la entrada X
Acc = MAX(X,Acc)	112	Opera el máximo entre el contenido del acumulador y el dato presente en la entrada X
Acc = MAXEXC(X,Acc)	120	Opera el máximo exclusivo entre el contenido del acumulador y el dato presente en la entrada X
Acc = MED(X,Acc)	121	Opera la media entre el contenido del acumulador y el dato presente en la entrada X
Acc = EQU(X,Acc)	122	Opera la equidad entre el contenido del acumulador y el dato presente en la entrada X

La memoria de datos en cuestión consta de $3^6 = 729$ direcciones de memoria y las señales necesarias para la selección y sincronización de eventos se muestran en la tabla N° 18.

Tabla 18. Comportamiento entrada-salida del sumador completo.

X	Y	Sal	Acarreo
0	0	0	0
0	1	1	0
0	2	2	0
1	0	1	0
1	1	2	0
1	2	0	1
2	0	2	1
2	1	0	1
2	2	1	2

4. Unidad de control

Esta parte de la máquina algorítmica es también conocida como el secuenciador y es el circuito que controla el flujo de información a través de la máquina algorítmica. Las funciones que ésta ofrece dependen en gran medida de su capacidad de gobernar la unidad de proceso. Consta de una memoria ternaria (la cual puede ser implementada gracias a un circuito de memoria Josephson) en la cual reside el programa a ejecutar, un contador de programa, el cual establece la dirección de la siguiente dirección a ejecutar, lo cual realiza gracias a la **ayuda del circuito de cálculo de** condición de salto y *enable*. **Este** último establece si la data proveniente de la instrucción debe tomarse como una dirección de salto o como señales de control hacia la unidad de proceso.

Es importante observar que las señales de escritura proveniente de la unidad de control **deben ser retardadas con el fin** de proporcionar los tiempos de transferencia necesarios para que la información fluya por el bus de datos y otros elementos tales como la unidad de proceso y registros antes de que estos sean capturados en los registros de almacenamiento temporal.

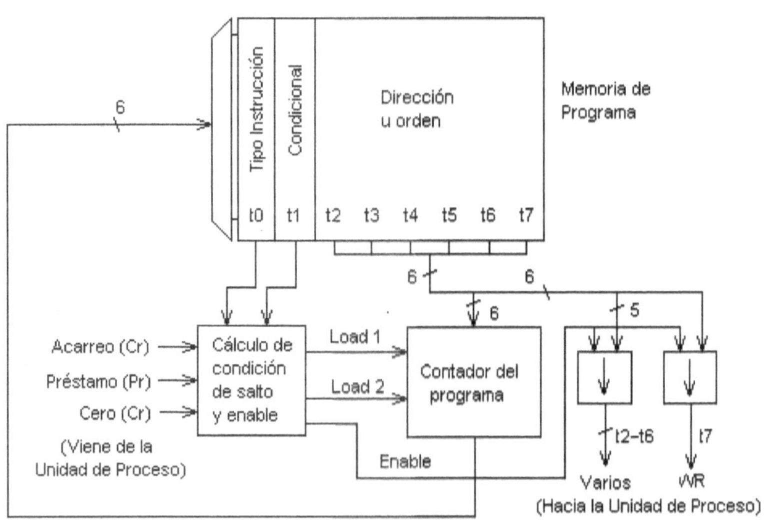

Figura 37. Unidad de Control.

Las compuertas MIN utilizadas para controlar el flujo de señales (t_2 a t_6) deben ser interpretadas como un grupo de cinco (5) compuertas MIN, todas teniendo la señal de *enable* como entrada.

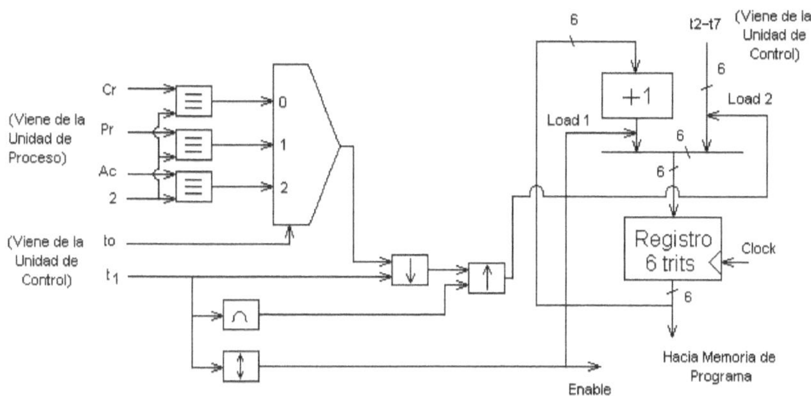

Figura 38. Contador del programa y circuito para cálculo de la condición de salto y *enable*.

Tabla 19. Señales de entrada para la unidad de control.

Señal	Trits	Uso	Activo
Select	3	Selector de operación en UAL	Según tabla 7
WRacc	1	Captura salida de UAL en Acc	2
RDacc	1	Coloca contenido del Acc en el bus	2
WRport	1	Escribe contenido del bus en puerto de salida	2
RDport	1	Coloca contenido del puerto de entrada al bus	2
RDmem	1	Coloca contenido de la memoria en el bus	2
WRmem	1	Coloca contenido del bus en la memoria	2
dir	1	Selecciona trabajar con la UAL o memoria	No aplica

El circuito para el cálculo de la condición de salto es el responsable de comparar si la decisión de salto programada a través de t_1 es o no cierta. El cálculo del salto condicional (load2) se logra comparando las salidas de Acarreo, Préstamo o Cero generadas en la unidad de proceso y luego seleccionando una de estas con la ayuda de un multiplexor.

Para la señal de load1 simplemente se permite el incremento de la siguiente dirección a ejecutar cuando la instrucción es del tipo EXE (por lo que solo es necesario invertir tal señal), siendo el tratamiento similar para la señal *enable*. La señal de *Clock* debe provenir de un reloj externo donde el tiempo que este permanece en alto debe ser suficiente para que los circuitos que procesan información generen una salida válida antes de esta sea capturada en los triflops.

5.- Codificación del Juego de Instrucciones y Programación

Para la codificación de instrucciones se seleccionó el formato de instrucción de 8 trits con una única palabra por instrucción, la cual es una sucesión de 0, 1 y 2. También se asume que los valores constantes necesarios para el procesamiento deben residir necesariamente en una memoria auxiliar o puerto de entrada.

Tabla 20. Uso de los trits en las instrucciones.

Trit	Uso		
t_0	Tipo de instrucción	**t_0**	**Tipo**
		0	EXE
		1	GOTO
		2	IF
t_1	Utilizada en instrucciones de salto condicional (IF)	**t_1**	**Condición**
		0	Cero
		1	Préstamo
		2	Acarreo

t_2 a t_4	- Si la instrucción es tipo EXE (t_0=0):
	     - Si t_5=0, se toman como señal Select de la Unidad Aritmético Lógica
	     - Si t_5=1, contienen la dirección de memoria a operar
	
	- Si la instrucción es tipo GOTO o IF (t_0=1 ó 2):
	     Junto con t_5, t_6 y t_7, representan los trits de la dirección de salto		

t_5	Selección de UAL ó memoria de datos	**t_5**	**Selección**
		0	UAL
		1	Memoria de Datos
t_6	Selección de Escritura	**t_6**	**Selección**
		0	Escritura en Puerto
		1	Escritura en Memoria
		2	Escritura en Acumulador
t_7	Selección de Lectura	**t_7**	**Selección**
		0	Lectura de Puerto
		1	Lectura de Memoria
		2	Lectura de Acumulador

Dado el tamaño reducido de las instrucciones, es importante el aprovechamiento máximo de estos. El trit menos significativo se utiliza para especificar el tipo de instrucción, el siguiente para indicar la condición de salto si ese es el caso. El uso del resto de los trits que componen el formato de instrucción es como se muestra en la tabla N° 20.

6.- Programa de Control

La tabla 21 muestra un ejemplo de codificación de programa donde el objetivo del mismo es el de mostrar el uso y codificación de las instrucciones. En el caso de que la instrucción sea del tipo EXE o GOTO (=0 ó =1) el trit t_1 puede tomar cualquier valor ya que la condicional no importa en este caso, identificándose con una X. De la misma manera los trits para la instrucción EXE PORTB=ACC no se consideran ya que, aunque (selección de UAL) la operación se realiza con el puerto de salida.

Paralelamente no se considera en los casos en que se carga en el acumulador el procesamiento de la data proveniente de este mismo. El diagrama de flujo muestra el funcionamiento del mismo.

Tabla 21. Ejemplo de programa y su codificación.

Dir.	Etiqueta	Mnemónico	t0	t1	t2	t3	t4	t5	t6	t7
000		EXE ACC=M1	0	X	0	0	1	1	2	1
001		EXE ACC=ACC + PORTA	0	X	0	0	0	0	2	0
002		EXE M2=ACC	0	X	0	0	2	1	1	2
010		IF CERO SALTO	2	0	0	0	0	0	2	2
011		EXE ACC=0	0	X	0	1	1	0	2	X
012		EXE M3=ACC	0	X	0	1	0	1	1	2
020		EXE ACC=INV(ACC)	0	X	0	2	2	0	2	X
021		GOTO CERO	1	X	0	0	0	1	0	0
022	SALTO	EXE ACC=M3	0	X	0	1	1	1	2	1
100	CERO	EXE PORTB=ACC	0	X	X	X	X	0	0	2
101	FIN	GOTO FIN	1	X	0	0	0	1	0	1

7.- Bibliografía

DESCHAMPS J., ANGULO J., (1992) "Diseño de sistemas digitales", *Editorial Paraninfo*. Madrid (España), segunda edición.

HILL F., PETERSON G., (1993) "Sistemas digitales organización y diseño del hardware", *Editorial Limusa*, Balderas (México) primera edición.

SMITH K.C., (Sept. 1981) "The prospects for multivalued logic: A technology and applications view", *IEEE Trans. Comput.*, vol. C-30, pp. 619-634.

WU X., PROSSER F., (May. 1988) "Ternary CMOS sequential circuits", *IEEE Proceedings of the Eighteenth International Symposium on Multiple-Valued Logic,* pp. 307-313.

YOELI M., ROSENFELD G. (Feb. 1965), "Logical Design of ternary switching circuits", *IEEE Trans. Comput.,* vol. C-14, pp. 19-29.

ANEXOS

Nikolay Brusentsov y SETUN

Brusentsov Nació el 7 de febrero de 1925 en la aldea de Kamenskoe (ahora parte de Dneprodzezhinsk), Ucrania. Su padre Pyotr Brusentsov (hijo de un trabajador ferroviario) terminó sus estudios en el instituto de trabajadores y en 1930 se graduó en el instituto de la química de Dnepropetrovsk. Pyotr participó en la construcción de una planta de Dneprodzerzhisk. Murió en 1939 en la edad de 37, la madre Maria Dmitrievna de Nikolai trabajó desde entonces como supervisor de un jardín de infancia en la planta en donde su marido había trabajado, soportando airosamente el trabajando pesado.

Nikolay era el mayor de los hermanos y aún no se habían recuperado de la muerte de su padre cuando la guerra comenzó y comenzaron los bombardeos viéndose obligados a cavar agujeros cerca de la casa, ocultándose allí durante todo ese tiempo. Seis meses más adelante, en febrero de 1943, a la edad de 18 años, Nikolay fue reclutado en el ejército y enviado a las clases de radio en Sverdlovsk. Seis meses después le enviaron a una división del rifle, división formada cerca de Tula.

Él se graduó de la 10ma forma en 1947 (equivalente al bachillerato en nuestro país) con notas excelentes, y aconsejado por un amigo de Moscú, Nikolai realizó una solicitud al departamento de radio del instituto de la energía de Moscú. Una vez terminada la preparación en este instituto, Brusentsov fue enviado en 1953a un trabajo en el SCB en la universidad de Moscú

Sobolev fue inspirado por Brusentsov con la idea de construir una computadora pequeña, conveniente para el uso en los laboratorios del instituto debido a su bajo costo, tamaño y confiabilidad. Éste último organizó un seminario en el cual participaron M.Shura-Bura, K. Semendyaev, E. Zhogolev y por supuesto Sobolev mismo donde se analizaban las desventajas de las computadoras existentes, desde el punto de vista de las instrucciones y estructuras (hoy en día llamados "arquitectura"), y se consideraban diferentes planes para la puesta en práctica de la implementación técnica, usando elementos magnéticos, ya que no existían los transistores y se habían excluido los tubos electrónicos en ese punto.

Los componentes a utilizar estaban fácilmente disponibles y podín hacer todo ellos mismos. En uno de los seminarios donde participó Sobolev (el 23 de abril de 1956) la tarea de crear una computadora pequeña propuesta, y sus requisitos técnicos fundamentales fueron formulados. Al principio, Brusentsov fue designado director y diseñador ejecutivo único de la computadora nueva. Debe ser observado que fue comisionado a diseñar una computadora con un sistema binario del cálculo sobre elementos magnéticos y fue entonces cuando decidió utilizar un sistema de numeración ternario. Creó elementos muy simples y confiables y redujo su cantidad por siete veces con respecto al número de los elementos usados por las computadoras binarias. Los requisitos de la fuente de energía fueron reducidos drásticamente, debido al hecho de que muy pocos núcleos magnéticos y diodos eran utilizados. Pero la ventaja principal en la codificación era que un sistema de codificación natural del número fue utilizado.

Él desarrolló y montó un circuito para un sumador ternario que comenzó a trabajar de forma confiable tan pronto como comenzó a funcionar. S. Sobolev, descubrió entonces su intención de crear una computadora de notación ternaria, apoyó ferozmente el proyecto y prometió traer en algunos jóvenes ayudantes. La invención de sumadores, contadores y otros circuitos típicos no presentó mucho problema a Brusentsov.

En el equipo 1958 de Brusentsov (en aquella época ascendía a 20 personas) montó el primer modelo de la computadora con sus propias manos. ¡Y cuál fue su asombro cuando en el décimo día de complejos ajustes la computadora comenzó a funcionar! ¡Fue un trabajo extraordinario de ensamblaje de computadora para ese período! Nombraron la computadora como "Setun" por el nombre del río cerca de la Universidad de Moscú.

De acuerdo con una decisión por el gabinete de URSS de ministros, la planta de máquinas matemáticas de Kazan fue comisionada para la fabricación en masa de la computadora "Setun". El primer modelo de la computadora fue mostrado en una exposición nacional en Moscú. Si Brusentsov estaba o no en lo correcto - solamente el tiempo dirá.

SETUN

El diseño de la pequeña máquina digital "Setun" fue iniciado por un miembro de la academia de ciencias S. L. Sobolev en 1956, quien asumió la creación de una computadora simple, pequeña, barata y útil para las escuelas, laboratorios de investigación, oficinas y para el control en la fabricación. Para lograr tal meta, en el centro de computadoras de la Universidad del estado de Moscú, se formó un grupo de hombres jóvenes a través de un seminario para los ingenieros y programadores, siendo organizado por S. L. Sobolev, K. A. Semendjev, M. R. Shura-Bura, I. S. Berezin. Se abordaron los problemas de la optimización de la arquitectura de las computadoras existentes para ese entonces y la realización técnica fue examinada, así como fueron discutidas las diferentes variantes de la futura computadora a diseñar.

Debido a la baja confiabilidad de los tubos de vacío y de la inexistencia de transistores la computadora fue diseñada utilizando núcleos de ferrita miniatura y diodos semiconductores. Estos elementos trabajan como transformadores controlados por corriente y eran suficientemente eficaces para la puesta en práctica de la lógica ternaria. Los elementos de lógica ternarios respecto a los binarios proporcionan más velocidad y confiabilidad, requiriendo menor cantidad de equipo y energía. Éstas eran las razones para diseñar una computadora ternaria.

"Setun" era una computadora secuencial dotada de un rápido multiplicador, gracias a la capacidad de procesar en paralelo. La pequeña memoria RAM de ferrita (3 páginas de 54 palabras) permitía el intercambio de la página con la memoria de tambor magnética principal. "Setun" tenía una arquitectura de una sola dirección, con un registro indexado. El sistema de instrucción consistía solamente de 24 instrucciones, incluyendo la ejecución de la normalización de la mantisa para el cálculo con punto flotante, la multiplicación combinada y la adición. Tres instrucciones fueron reservadas, pero nunca no se utilizaron ya que nunca fue necesario.

La simplicidad, la economía y la elegancia de la arquitectura de la computadora son las consecuencias directas y prácticas más importantes de la lógica ternaria, más exactamente, de l representación de datos y de instrucciones por código (balanceado) simétrico, es decir por código con los dígitos 0, +1, -1.

Contrario al código binario, no hay diferencia entre "el número con signo" y "sin signo". Consecuentemente la cantidad de instrucciones condicionales se disminuye por dos y es posible utilizarlas más fácilmente; las operaciones aritméticas permiten la variación libre de la longitud de operandos y se pueden ejecutar con diversas longitudes; el redondeo ideal es alcanzado simplemente por el truncamiento, es decir el truncamiento coincide con el redondeo y existe una mejor aproximación del número.

La experiencia de crear, programar y usar la "Setun" confirmó de manera inequívoca las preferencias significativas del uso de la lógica digital ternaria. A pesar del hecho de que los diseñadores de la primera computadora eran muy jóvenes y el grupo era pequeño, el espécimen de "Setun" estuvo listo en diciembre de 1958, es decir dos años después de su comienzo.

"Setun" trabajó correctamente una vez encendida, sin necesidad de depuración y comenzó a ejecutar los programas existentes. En 1960 ya se contaba con suficiente cantidad de programas y era posible presentar "Setun" para la prueba oficial. Tal prueba fue pasada en abril de 1960 con mucho éxito. La computadora demostró ser inusualmente confiable y estable en la operación a una amplia gama de voltajes y temperaturas de ambiente.

Se encontró que la computadora era muy simple de fabricar y usar, conveniente para una amplia gama de usos. "Setun" fue recomendado para la producción en masa. Desafortunadamente los funcionarios de la producción de computadoras en la URSS tenían una posición negativa sobre la "fruta no-planeada e inusual de la fantasía de una Universidad".

En vez de apoyar la innovación y de tomar un beneficio posible, estos procuraron a toda costa aniquilar el "patito feo". Sin embargo, para entonces, había muchas órdenes de "Setun", incluyendo algunas para la exportación, pero solamente de 10 a 15 computadoras fueron producidas anualmente y no se exportó ninguna de ellas. La fabricación prevista en Checoslovaquia de "Setun" tampoco llegó a feliz término. En 1965 la fabricación de "Setun" fue detenida debido a peticiones insatisfechas. Fue substituida por una computadora binaria con el mismo funcionamiento, pero 2.5 veces más costosa.

En total se produjo 50 computadoras (incluyendo los prototipos iniciales). 30 de ellas fueron instalados en las universidades, el resto en los laboratorios de investigación y las plantas. Geográficamente "Setun" fue dispersada sobre toda la URSS (de Kaliningrad a Jakutsk y de Ashkhabad a Novosibirsk). Se concluyó que la computadora ternaria era muy útil para manipular y usar en aplicaciones. La simplicidad de la programación en los códigos (se había decidido no hacer un ensamblador) permitió diseñar algunos intérpretes, sobre todo en la notación inversa polaca. En tal base era posible programar las diversas tareas de los cálculos de la ingeniería y de los resultados experimentales que procesaban en el control de fabricación y a la enseñanza de la informática.

Basados en la experiencia positiva de "Setun", fue diseñada la arquitectura de otra computadora ternaria. Esta computadora fue denominada "Setun 70" y fue introducida en 1970. En "Setun 70" las particularidades de la lógica ternaria se incorporaron con más comprensión y de manera mas completa: se estableció el formato ternario para la codificación de símbolos (el "tryte", análogo al octeto binario) consistente en 6 trits (aproximadamente 9.5 bits); el juego de instrucciones es mejorado con instrucciones lógicas ternarias auxiliares y de control; las instrucciones aritméticas ahora permitían una mayor variación de la longitud del operando (1, 2 y 3 trytes) y la longitud del resultado podía ser de hasta 6 trytes.

En "Setun 70" el concepto tradicional de la instrucción de computadora como palabra no existe. El programa es una secuencia de operaciones de trytes y direcciones de tryte. Las combinaciones ejecutadas de tales trytes se pueden interpretar como instrucciones virtuales.

"Setun 70" fue una computadora de doble pila. El apilado de los operandos es la evolución natural del acumulador de una sola dirección de "Setun". La pila de retorno es la base de los autómatas que controlan el anidado de subprogramas. La mejora simple de ta mecanismo permite transformar "Setun 70" en una computadora para la programación estructurada.

Sin embargo "Setun 70" fue la última computadora ternaria en construirse. Después de esta la investigación fue detenida.